媒体与设计学院
SCHOOL OF MEDIA & DESIGN

文 化 创 意 与 传 播 前 沿 丛 书

教育部青年基金项目"控烟广告在青少年中的视觉传播效果研究"
（项目编号：13YJCZH205）

上海交通大学文理交叉认知专项（项目编号：13JCRY03）

U0654244

广告的力量

萧 冰　王 茜 著

The Power of Advertising

上海交通大学出版社
SHANGHAI JIAO TONG UNIVERSITY PRESS

内容提要

　　本书以"广告的力量"为核心,系统地梳理了广告理论与实践方面的知识。以必要的广告理论为指导,结合大量国际优秀广告案例,从产品的广告诉求开始,到广告的策略、创意与实践,将广告创作的过程与要点系统地进行讨论。

　　本书适合新闻传播、广告专业师生以及广告从业者参考阅读。

图书在版编目(CIP)数据

广告的力量 / 萧冰,王茜著. —上海:上海交通大学出版社,2016(2020重印)
ISBN 978-7-313-14331-0

Ⅰ.①广…　Ⅱ.①萧…②王…　Ⅲ.①广告学　Ⅳ.①F713.81

中国版本图书馆 CIP 数据核字(2015)第 309375 号

广告的力量

著　　者:	萧　冰　王　茜		
出版发行:	上海交通大学出版社	地　　址:	上海市番禺路 951 号
邮政编码:	200030	电　　话:	021 - 64071208
印　　刷:	常熟市文化印刷有限公司	经　　销:	全国新华书店
开　　本:	710mm×1000mm　1/16	印　　张:	10.5
字　　数:	126 千字		
版　　次:	2016 年 9 月第 1 版	印　　次:	2020 年 2 月第 2 次印刷
书　　号:	ISBN 978-7-313-14331-0		
定　　价:	39.00 元		

丛书总序

"文化是民族的血脉,是人民的精神家园。"[①]中华民族绵延五千多年,已形成了博大精深的中华文化。中华文化已成为民族凝聚力的价值基础,人民创造力的智慧源泉,国家综合竞争力的软实力要素,经济社会发展的精神动力。随着中国阔步走向世界舞台,中华文化的地位将日渐重要!

诚然,文化的价值如此重要,但倘若缺乏诸如传媒、影视、设计等有形产品的载体,其断然难以发挥效应。由此可见,文化的大繁荣、大发展是离不开文化产品创新、创意的。然而,据国家统计局数据显示,2015年我国文化及相关产业增加值27 235亿元,占GDP的比重为3.97%[②]。而另据世界知识产权组织统计,2013年全球文化产业增加值占GDP的比重平均为5.26%,约3/4的经济体在4.0%~6.5%。其中,美国高达11.3%[③]。虽然上述两大统计口径和时间并不完全相同,但我们从中不难大致看出中国文化产业与美国等发达国家之间的差距。显然,中国文化产品的创新、创意能力较低,是制约我国综合竞争力提升的重要因素之一。

那么,如何破解我国文化产品创新、创意不足的难题? 我们或许从如下案例中能得到一些启示。2004年美国日报发行量5 462.6万份,2014年美国日报发行量下降到4 042万份[④],10年下降了26%;而于2004年上线的Facebook,2014年用户发展到13.5亿,为全球经济贡献2 270亿美元[⑤]。上述案例展示的冰火两重

---

① 中国共产党十七届六中全会.中共中央关于深化文化体制改革、推动社会主义文化大发展大繁荣若干重大问题的决定[OB/EB].http://news.xinhuanet.com/politics/2011-10/25/c_122197737.htm.

② 国家统计局.2015年我国文化及相关产业增加值比上年增长11%[OB/EB].http://money.163.com/16/0830/15/BVNONT7G002580S6.html.

③ 国家统计局科研所.世界主要经济体文化产业发展状况及特点[OB/EB].http://www.stats.gov.cn/tjzs/tjsj/tjcb/dysj/201412/t20141209_649990.html.

④ NNA.DailyCirculation[OB/EB].http://www.naa.org/Trends-and-Numbers/Circulation-Volume/Newspaper-Circulation-Volume.aspx.

⑤ 露天.Facebook2014年为全球经济贡献超2千亿美元[OB/BO].http://www.techweb.com.cn/world/2015-01-20/2117652.shtml.

天的境况,深刻地揭示出未来文化产业发展的一个重要趋势。为顺应文化产业未来的发展趋势,我国政府不失时机地制定了"互联网＋"行动计划,积极推动工业化与信息化融合战略,以及科技与文化融合战略。

所谓的"互联网＋",是在移动互联网与大数据、智能化、云计算的基础上,互联网与其他产业的融合发展。目前国内文化、传媒与创意业已在此领域进行了许多探索,譬如中央电视台推出的"央视新闻",以及为数众多的"双创"基地。与此相应,国际巨头也不甘示弱,掀起了新一轮文化市场竞争,譬如英国广播公司(British Broadcasting Corporation,BBC)通过打破传统媒体界限,按照内容重组为"新闻""视频""音频与音乐"三类,通过跨平台全媒体播出系统,满足广播、电视、网络、智能手机、互动电视等多个终端受众需求。显然,全球传媒、文化与创意产业将经历一场前所未有的转型变革!

实践是理论的源泉,理论是实践的先导。"互联网＋"时代的传媒、文化与创意产业融合创新实践,既为理论研究注入了新的活力,又为理论研究提出了新的要求。"互联网＋"时代的传媒、文化与创意产业发展,其本质上是一种跨界融合创新发展。倘若按照传统的单一学科研究的老路来研究,或许对此难以奏效。为此,跨学科、交叉学科研究将是攻克此难题的一条出路。有鉴于此,我们组织新闻传播、影视编导、视觉传达、文化产业管理以及工业设计专业的学者,从不同学科视野,对文化产业创新创意问题进行了探索性研究。

上海交通大学媒体与设计学院成立于2002年。建院之初,中央电视台原台长、我院首任院长杨伟光先生就带领大家制定了"文理相互渗透,学术、技术与艺术融合,数字化、国际化、产学研一体化"的办学思路。继任院长张国良教授进一步提出了"文以载道,传播天下,影像为媒,设计未来"的办学理念。在两位老院长办学理念的指导下,经过全院师生不懈努力,在国际QS学科排名中,2012年传播与媒体学科跻身世界100强,2015年艺术与设计学科跻身世界第28位。为了总结我们在跨学科、交叉学科建设中的经验,特将我院各学科部分阶段性成果撷要结集出版,以飨读者。

鉴于我们的能力所限,加之出版时间仓促,书中疏漏、谬误在所难免,敬请诸位同人不吝赐教!

上海交通大学媒体与设计学院院长、教授
上海市社科创新基地——上海市文化创意产业发展战略研究基地主任、首席专家

李本乾

前言

转眼在上海交通大学任教已经十年。十年间看到不少学生自主创业,有成功也有失败。在与学生的交流中,发现他们有创业的热情与动力,但却缺少相关的经验与指导,不知道应当如何树立自己的品牌形象、如何推广自己的产品,不知道该如何借助广告的力量将自己的"好酒"卖出去。有感于青年人创业的艰难与不易,觉得应当有一本书教给他们如何判断一则广告创意是不是适合他们的企业与产品,教给他们如何创意一则优秀的广告,让广告成为帮助青年创业者起飞的翅膀,于是萌生了写作本书的念头。恰逢国家提出"大众创业万众创新",会有更多的青年人需要广告方面的指导,这也成为本书写作的动力之一。

本书围绕"广告的力量"为核心,系统地梳理了广告理论与实践方面的知识。以必要的广告理论为指导,结合大量国际优秀广告案例,从产品的广告诉求开始,到广告的策略、创意与实践,将广告创作的过程与要点系统地进行了讨论。笔者结合十多年来广告教学及在广告公司任职的经验,以及自身广告研究、广告创作的心得,从实际创作一则广告所需要的知识开始阐述,在知识结构体系中注重创新性思维的培养,注重广告审美能力的培育,注重创作实践能力的锻炼。本身并非定位为广告学专业学生的教科书,因此除了第二章所列出的基本广告理论之外,更多广告理论没有对其概念进行陈述,而是融入对广告案例的剖析中。

本书将广告定义为"讲故事",当然并不是说广告就像为了娱乐消遣那样讲故事,而是说好的广告要具有故事性,要像故事一样能够吸引人并且打动人。而广告的诉求、策略、创意、视觉语言等,分别对应了说什么类型的故事、怎么说才更有效、具体说什么内容和故事怎么讲才更动人等内容。

本书每章都设有"深度阅读"内容，将笔者或其他学者广告理论研究的成果介绍给读者，这些阅读内容有的与主流观念持不同观点，有的是前沿研究成果，有的是对特殊广告现象的讨论，希望能够带给读者以启发与思考。

由于作者学识水平有限，书中难免存在疏漏与不足，恳请广大读者批评指正。

萧　冰

2016 年 3 月 31 日

目录

第 1 章

广告概述

如果你说的话没有趣味,他们就不会注意听。除非你说的内容很新鲜、有独创性、充满想象力,否则不可能引起别人的兴趣。

——威廉·伯恩巴克

1.1　从两则控烟公益广告说起

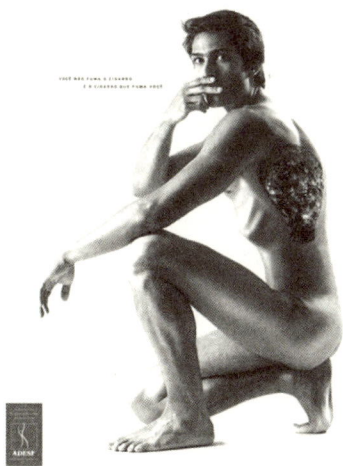

图 1-1　控烟广告 A

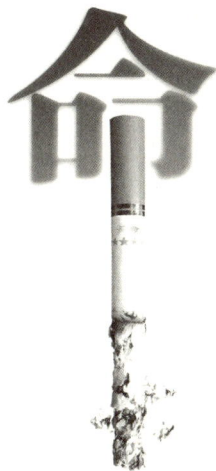

图 1-2　控烟广告 B

在这一组控烟公益广告中,你更喜欢哪一个,原因是什么? 当面对这一问题的时候,每个人都会有自己的看法,但大多数人在某方面的选择是一致的,即更喜欢广告A(见图1-1)。在针对上海交通大学传播系1年级46名学生的一次调查中,72%的学生选择喜欢控烟广告A,而26%的学生选择喜欢控烟广告B(见图1-2),2%的学生两者都不选。学生年龄在18~22岁之间,其中17名学生来自美、日、韩、巴西、泰国、新加坡、中国台湾等国家和地区,29名来自中国内地。谈及对两则广告的感受,学生们认为广告A:①更有创意;②直观;③有视觉冲击力;④不忍直视;⑤不舒服等。而认为广告B:①更温和;②图文结合得好;③不痛不痒;④单调;⑤看不懂等。

吸烟有害健康已经是人人皆知的道理,能否把它说出新意则体现出广告人的专业素养。广告A在男性裸体肺部的位置出现燃烧的香烟形象,如同香烟把人体烧穿了一个大洞,加上他正在抽烟的动作,让人意识到抽烟将会对自身造成巨大的伤害,非常直观生动,使观众对广告传递的信息一目了然并且印象深刻。而广告B将燃烧的香烟与"命"字的最后一笔结合,却显得过于概念化,难以对观众的心理造成触动。作为该广告创意的核心点之一:香烟的品牌是"长命",这原本是一种有力的讽喻,但却由于在画面上占据的比例过小,因而容易被人忽略。当然,控烟广告A中使用被烧灼的人体作为主要图形,也使得一些受众心理上感到不舒服,在恐惧诉求的程度方面应当更好地控制,避免引起受众的反感。而广告B中使用中文字与图形的组合,既有一部分受众觉得组合巧妙,也有部分受众觉得老套或看不懂,如何跨越文化的障碍进行有效的广告传播值得深思。这里的文化障碍不只是异国文化传播的障碍,还包括中国传统文化与现代文化的冲突。

从这两则控烟广告案例出发,我们不由得提出这样的问题:同样的广告主题,在诉求切入点、视觉表现形式以及传播效果上却有着巨大的差别,其原因是什么? 在网络化、全球化的今天,广告如何能跨越文化的界限,更有效地展现它的力量? 在回答这些问题之前,我们要先弄明白什么是广告。

1.2　何谓广告

在不同的时期,人们对于广告的看法是不同的,它的定义与范畴一直随着时代的发展而演变。

1.2.1　广告的几种定义

1.2.1.1　广告是推销

1923 年,美国现代广告之父阿尔伯特·拉斯克尔(Albert Laskel)提出,"广告是印刷形态的推销手段"。这一概念指出广告是为销售服务的手段,是早期广告观念的体现。当然这一观点现在看来存在很大不足,首先广告媒介的形态已远远不止印刷这一种,电视、广播、互联网、环境媒体等等都可以成为承载广告的媒介。其次,拉斯克尔是站在当时的推销立场之上的,推销观念认为只要产品好,加上优秀的推销技巧,就能把产品卖给消费者。但这一观念忽视了消费者需求,往往会导致致命的错误。

柯达公司的破产即说明了这一点。柯达发明了第一台数码相机,于 1991 年推出柯达专业数码相机系统(DCS),使摄影记者能够使用装备柯达 130 万像素传感器的尼康 F-3 相机拍摄电子照片。但胶卷带来的巨大利润蒙蔽了柯达的眼睛,让柯达忽视了消费者的需求,而将自己的新发明束之高阁,直到后来发现数码相机已势不可挡,才于 2003 年正式宣布放弃胶卷业务,向数字产品转移。而其结果就是导致柯达最终败给了自己发明的数码相机。

1.2.1.2　广告是劝诱

1924 年,日本学者中山静提出:"广告宣传的目的是劝诱人们对某一特定的事情产生或增强信心,使他们赞成或坚决执行,要达到这个目的与广告宣传的次数有关系,如果使用的方式、方法和时机选择适当,即使广告的次数少一些,也会得到满意的效果,广告是通过宣传商标达到销售的目的。"这一概念强调了广告宣传的策略,即市场策略、媒介策略与时机策略的组合。同时他还指出商标是广告宣传的核心。这一点通过 2009 年第 82 届奥斯卡学院奖的最佳动画短片《商标的世界》(*Logorama*)可以得到印证。如图 1-3。

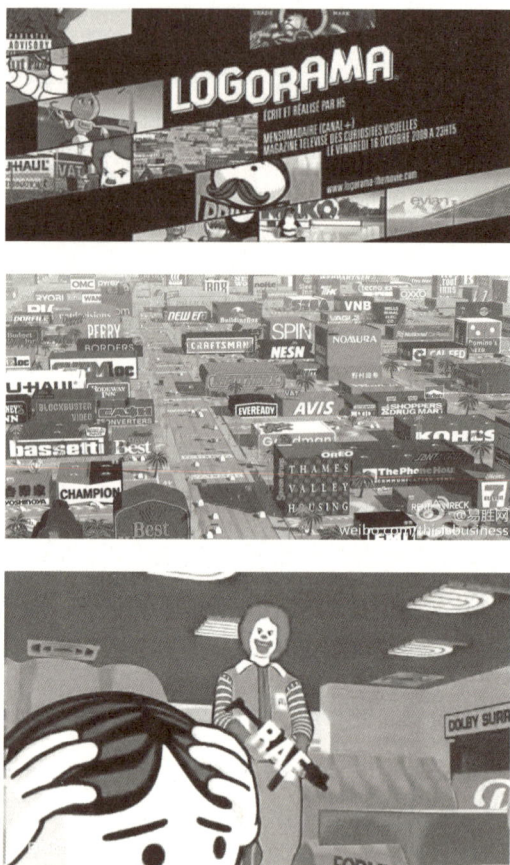

图 1 - 3 《商标的世界》(法)

1.2.1.3 广告是陈述与推广

1948 年,美国营销协会制定出迄今为止影响最大的广告定义:"广告是由可确认的广告主,以任何方式付款,对其观念、商品或服务所作的非人员性的陈述和推广。"这个定义清晰地界定了广告,首先广告是非人员性的陈述和推广,那么它就要借助一定的媒介来进行陈述推广,而不能是依靠人员的推销与叫卖;其次广告的主题包括观念、商品与服务,也就是说它可以用于促进商业销售,或表达公益倡议、政治理念,或树立机构、企业的形象等;再次,广告要有明确的广告主,并且为购买媒介付费。

1.2.1.4　广告是传递信息

1988 年,《韦伯斯特大辞典》对广告的定义为:"在现代,广告被认为是运用媒体而非口头形式传递具有目的性信息的一种形式,旨在唤起人们对商品的需求并对生产或销售这些商品的企业产生好感,或告知提供某种非营利性目的的服务以及阐述某种意见和见解等。"这一概念较为清晰地将商业广告与公益广告区分开来,商业广告的目的是唤起对商品的需求及建立企业好感度;公益广告(PSAs)宣传的是非营利性的服务及阐述意见见解等。

1.2.2　什么是广告

对本书来说,广告应当怎样定义? 广告就是讲故事,好广告就是绘声绘色地讲了一个动人的故事。

提出这个概念不是因为它比前人的说法更准确,而是因为它更贴近广告的力量本源。前几节所述的广告概念非常严谨地规范了广告的行为与边界,严密、准确,就像是医学解剖图谱般的清晰。但是这样的概念不生动,不是一个顾盼生姿的绝世佳人,从这些概念中读者不能体会到广告为什么会有这样大的煽动力,为什么成功的广告能调动成千上万的消费者蜂拥而至,将名不见经传的产品打造成人人渴望获得的热销品牌。

好的广告就是要讲出让人心动并且记住的故事,否则不会是一个好广告。但广告又不仅仅是讲故事,在讲故事的同时还要促使受众能按照广告主的期望产生购买或采取某种行为。青花瓷的纹样、洛可可的装饰,无论它们看起来有多美,我们都不会认为它是广告,因为它们没有向我们讲述一个动人的故事。迪士尼动画也很美,并且都讲述了很精彩的故事,但同样不能称之为广告,因为它没有向我们提出购买或进行某种行为的要求,也就是说没有广告诉求。

当前我们看到的很多广告都在讲故事,但广告中的故事没有亮点,不能打动人心也无法让人记住。比如说一位教师正在课堂上讲课,内容很沉闷,同学们都昏昏欲睡,一位学生实在忍无可忍起身开门离开了课堂。这样一件事无法让任何人记住,很快就会被淡忘了,充其量那位教师觉得没有受到应有的尊重,心情变得非常糟糕。但假如说,故事中那位教师讲课实在是太无聊了,以至于有一位学生直接从窗子跳出去踢足球了,而他们上课的教室是在三楼。那么这样一个故事会在校园里流传许多年,甚至由此演化出许多不同的版本。

　　耐克的一组校园主题的广告作品之所以广受学生欢迎,就是因为它在学生的生活日常中找到了故事,并且把它讲得绘声绘色。其中一则的内容为:一个学生上课迟到了,当女教师拿教鞭指着他训斥的时候,他奋起反击了,用手中的雨伞与女教师击剑,全篇除了击剑的动作之外并没有出现任何运动产品的信息,仅在片尾出现了广告语"随时"以及耐克标志,如图1-4。

图1-4　耐克广告

　　索尼PS2特别擅于为自己的产品讲述一个动人心魄的故事。在它的系列故事中,游戏玩家的人生变得非常丰富多彩。故事中的你或者是一个外表柔弱的女性,在游戏里她"穿上"男性健壮的肌肉与粗犷的外表,化身壮汉体验另一种不同的人生,活脱脱一个PS2版的画皮故事;或者你想体验一把穿越的乐趣,PS2让你"降生"到另外一个国度。如图1-5。

　　不是所有的故事都有很强的情节性,但通过画面凝结的那一瞬间,观者可以脑补画面之外的未尽之意。英国电视四台(Channel 4)是英国第四家电视台,1982年11月2日开始播出。其节目从形式到内容以表现实验性、改革性和创新性为主。英国电视四台紧跟新媒体变革潮流,结合互联网、手机和电视等,自创许多互联网音视频节目,在新媒体领域独树一帜,在英国传媒业具有非常大的

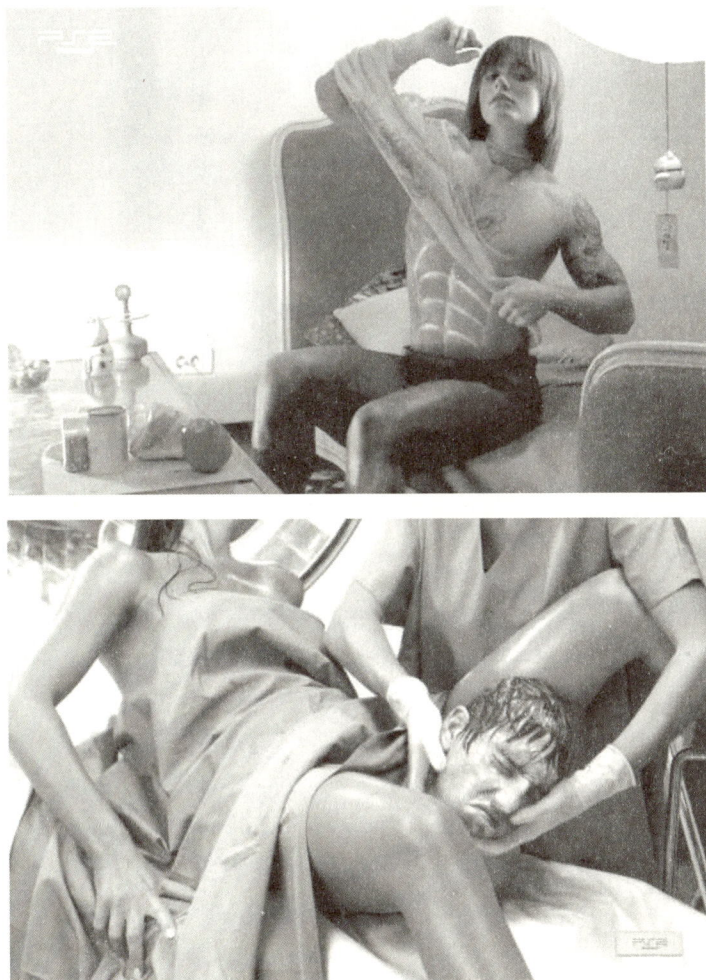

图 1-5　索尼 PS2 广告

　　影响。在其广告中,通过拼贴的人物头像可看到不同的观察视角以及观点的碰撞,不同性别、种族等的人们在此严肃地发出自己的声音[如图 1-6(a)]。在 John Lewis 的广告中,观众除了可以看到应有尽有的厨具之外,还不难感受到该公司严谨的工作态度与对美学孜孜不倦的追求[如图 1-6(b)]。而这种把主要"演员"集合起来排成一个阵型的方式,正是电影海报常用的手法[如图 1-6(c)]。

图 1 - 6(a)   Channel 4 广告

图 1 - 6(b)   John Lewis 广告

图 1 - 6(c)   电影海报

伊甸园的故事每个人都耳熟能详。在 NaturaSi 的广告中仅仅展现了一只紧握着红苹果的手,以及一条盘绕在手臂上的蛇,其画面讲述的故事已经足够让读者想象与品味了。到底是蛇引诱人偷食了红苹果,还是红苹果太诱人以至于人们忽视了蛇的危险?画面之外的故事比画中的内容更丰富。如图 1-7。

图 1-7　NaturaSi 广告

方糖是什么?方糖只是一块块做成了方形的白糖而已。但在广告中它像砖块一样建起了房子。房子又是什么?是晚归之人温暖的港湾,夜晚一盏点亮的灯说明有人在等候你回家,打开门迎候你的是充满爱的拥抱与美味的晚餐,家让你疲惫的身躯感到放松,让你的麻木心灵得到慰藉。在这则故事里,广告人把无情的方糖变成了温暖的家的象征。如图 1-8。

1.3　广告的分类

广告的分类非常多元,根据不同的研究切入角度,广告有着不同的分类方式。

图 1‐8　方糖广告

1.3.1　基于广告目的分类

1.3.1.1　商业广告

商业广告是以商业利益为最终目的的广告,一般是通过广告促进产品的销售、诱导消费者产生需求、强化品牌在消费者心目中的地位、改善企业的形象等等。

商业广告一般具有如下特征:①商业广告要有明确的广告主,没有人会花钱为别人打广告。②商业广告要通俗易懂,做别人都看不懂的广告还不如不做。③商业广告的目的是美化产品或提升自身的形象,使消费者记住它并产生良好的印象,不可哗众取宠而损害形象。

有时候,广告主也会通过打击竞争对手的方式提升自身的销售或形象。如一则百事可乐的广告(见图 1‐9)中,一个小男孩站在饮料售货机前发现自己够不着想买的百事可乐按键,于是他先买了两罐可口可乐,然后将可口可乐饮料罐踩在脚下,从而能够到百事可乐的按键。拿到百事可乐之后,小男孩就离开了,将两罐可口可乐弃之不顾。通过这则广告,受众会得出可口可乐只是百事可乐的垫脚石的印象。

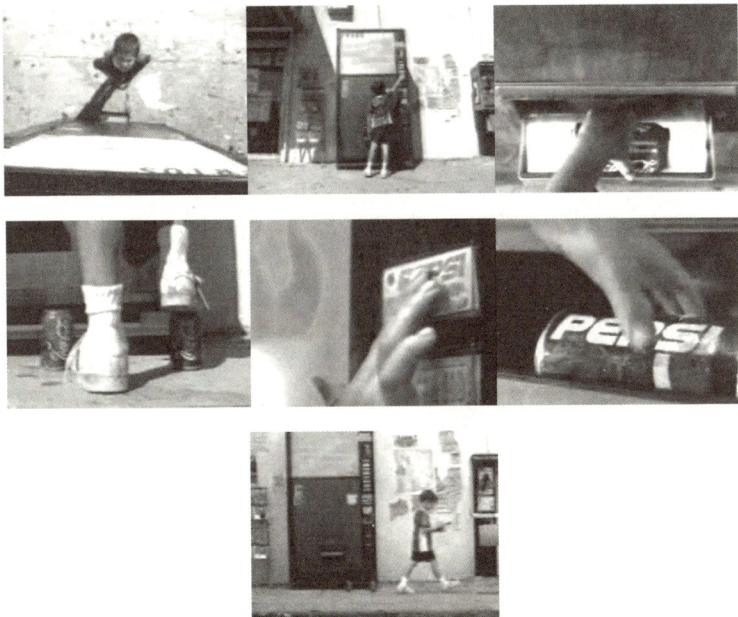

图 1-9　百事可乐广告

1.3.1.2　公益广告

公益广告又称公共服务广告（Public Service Advertising），它是不以营利为目的，而以为社会公众谋求福祉，改善公众生活状况，表达普世人文关怀的广告。而有些企业所做的公益广告，打着公益的幌子，实则为树立企业形象，甚至是暗示消费者购买产品、提示需求的，其实应归入商业广告的范畴。

公益广告具有如下特征：①广告主题鲜明。公益广告不是为了谋取自身的利益，所以广告中可以不出现任何广告主的信息，但广告诉求的主旨一定要明确。②公益广告所宣扬的应该是具有普世精神的价值，不能为了局部一隅或是少数人的利益做广告。③公益广告通常会引发观众对广告中所描述情形的同情或关注，以此唤起人们的实际行动支持。

现在的人们习惯于在网络社交媒体上点赞，以此表明对某件事的支持。然而一则公益广告非常犀利地指出：公益需要你的实际行动与付出，单纯点赞是没有任何帮助的。如图 1-10。

图 1 - 10　人道救援组织广告

1.3.1.3　政治广告

政治广告是某个政府、政党、政治团体等为宣传自己的执政理念或政治信息而发布的广告。种类:政令宣导、意识形态宣扬、形象广告、竞选广告。我国政治广告含有前 3 种。

政治广告一般具有以下特征:①具有排他性,宣传自己排斥其他党派。②具有攻击性,在宣传自身的同时攻击对手。③具有号召性,影响更多民众支持自己。④具有竞争性,与对手的政治广告相竞争,力求压倒对方的理念观点。如图 1 - 11是美国街头的政治广告。

图 1 - 11　美国政治广告

1.3.1.4　文化广告

文化广告是指传播各种教育、科技、文化、艺术、体育、新闻、出版、旅游等信息的广告。

文化广告的特征：①文化广告是一种特殊的商业广告，它促进人们在某方面的消费，但所消费的主体都与文化相关，因而在风格上具有浓郁的文化气息。②兼具经济效益与社会效益，既促进了广告主体的经济收入，又带来良好的社会效益，如促使人读书、学习、了解某种文化等。如大学、出版社、城市旅游广告等。

电影《黄金时代》的海报，在如雪的宣纸上泼洒出淋漓的墨迹，萧红站在墨迹之间，如同站在人生的路口。《黄金时代》的几个系列海报风格跨度极大，却又都非常完美地阐释了电影主题，引起观众强烈的观影兴趣。如图 1-12。

有时我们会看到一些按照广告主题进行分类研究的文章，如汽车广告、房地产广告、快速消费品广告等等，这些都是在广告目的基础上进行的进一步细分，即属于商业广告分类。而公益广告也可以根据其主题细分为：环保公益广告、保护动物公益广告、健康公益广告、交通安全公益广告，等等。这种以广告主题分类的方式更具体，特征也更明确，便于统一研究其规律及传播有效性，在本书后面章节中将会多次采用。

1.3.2　基于广告媒介分类

1.3.2.1　报纸广告

报纸被称为第一媒体，发行量庞大，发行频率高，在广告媒体中占据重要地位。但随着媒介技术的发展，新兴的广告媒介层出不穷，更重要的是人们获取信息的方式也不断发生变化，报纸广告的地位正逐渐下降。

报纸一般当天发售，隔日的报纸很少有人去看，一般也不会反复阅读同一期的报纸，造成了报纸广告时效性强、存留时间短的特点。此外，报纸广告的目标群体特征模糊，广告到达准确率较低。

图 1‑12　《黄金时代》电影海报

　　鉴于纸质及印刷技术原因,报纸广告画面精度低,画面上的细节、色彩等都难以准确表达出来,不过现在这种情况正有所改善。

　　报纸中地方性媒体占据主要地位,因而报纸广告中的内容多具有地方性特点,如商场促销、房地产广告、活动通告等。如图 1‑13。

图 1-13 报纸广告

1.3.2.2 杂志广告

与报纸媒体相比,杂志发行量小,发行周期长,印刷质量高。因此杂志广告在制作上的投入比报纸广告要大,可以以精美的画面吸引读者仔细观看,深入反复阅读。另一方面,由于杂志分工明确、定位清晰,所以杂志广告的目标群体明确,广告有效到达率较高,能够有针对性的有的放矢。

杂志的一个版面只展示一个广告内容,信息之间的干扰比较少。同时杂志篇幅多,便于施展设计技巧,能以优秀的广告创意出奇制胜。

图 1-14 的广告中在杂志的跨页之间夹了一张透明塑料膜。跨页两边分别印着处于国际都市中的一位男士,和一位站在园林前的女士,中间塑料膜上印着一位拿着包裹的快递员形象。当塑料膜被翻往右边,就像是把左边男士的物品递送到右边女士手中,反之则是把物品递送给男士。广告充分利用了杂志的结构特征,有针对性的实施创意。

图 1-14 杂志广告

1.3.2.3 电视广告

电视广告能综合运用语言、声音、文字、形象、动作、表演等综合手段,在表现力方面比报纸、杂志广告超出不少,天价的黄金时段电视广告价格更是其有力佐证,没有广告效果广告主不会为此买单。然而电视作为冷媒介,它需要观众的积极参与,否则就不能进行有效的传播,而观众对电视广告显然缺乏参与的兴趣,经常选择在广告时段转换频道,大大影响了电视广告的传播效果。

由于电视广告画面无法保存,不便于观众记住其中的详细内容,不利于观众反复比较、思考。同时由于其媒介手段多元,便于营造氛围、建立印象。因此电视广告更适合于感性诉求广告(见图1-15),而对需要提供大量详细信息(尤其是细节与文字信息)的理性诉求手段不太适用。

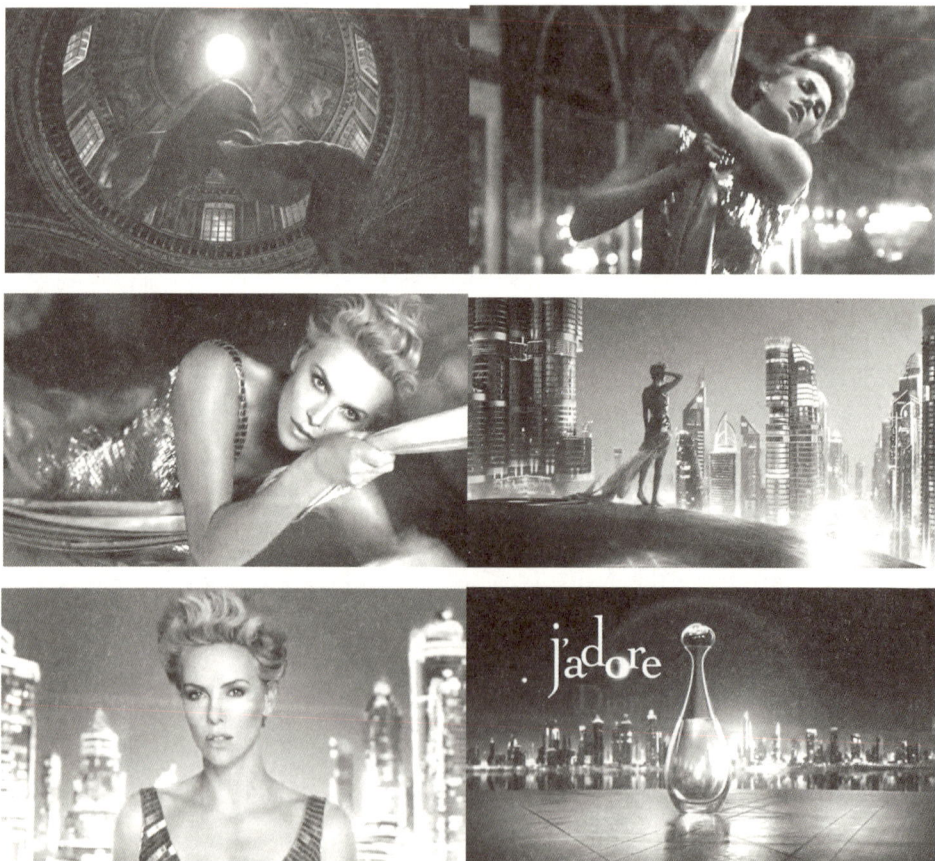

图 1 - 15 电视广告

1.3.2.4　网络广告

网络媒体作为新兴的广告媒体形态,能够综合运用各种艺术表达手段,市场潜力远超其他媒介,其快速增长的市场份额正说明了这一点。然而遗憾的是到目前为止,网络广告一直没有在艺术表现力方面实现真正的突破,仅只是融合了平面广告与电视广告,加入了一些交互功能而已,远远达不到前几代媒体广告形式对之前的革新超越程度。

> ### 深度阅读

平面广告设计时往往追求突出醒目,以求让受众注意到它。网站上的 banner 广告一般也遵循同样的设计原则,而且由于网站上的内容丰富、信息量大,设计师常常选用最强烈的色彩对比,把它与周围的环境区别开。然而,一项研究表明事情往往不像大多数人所想象的那样。

上海交通大学人文艺术研究院的研究人员将搜狐、新浪、MSN 的三个网页页面利用眼动仪进行测试,请被试随意浏览这三个网站,并用眼动仪记录下关注的焦点(见图 1 - 16)。其中新浪和 MSN 的 banner 广告非常突出醒目,黑色的背景色与周围环境色彩截然不同,而搜狐的 banner 广告色彩与周围环境色相近,反差不明显。三者的 banner 广告在艺术设计水平上没有显著差别。测试结果表明:新浪和 MSN 的 banner 广告基本没有受到注视,而搜狐的 banner 广告受到许多注视。

为什么设计醒目的广告没有受到注视,而不醒目的广告反而受到注视? 这与认知心理及人们的网络浏览习惯有关。

在心理学和认知神经科学研究领域内,美国学者 Pieters 和 Wedel (2004) 提出影响广告注意的两类决定性因素分别是"自下而上"(bottom-up)刺激与"自上而下"(top-down)刺激。"自下而上"刺激与通常所言指的"广告特征"因素相一致,包括广告整体或广告中某一元素的大小、位置、颜色、亮度、形式、呈现时长等被感知的显著性特征(Salience)。这些特征甚至可以在消费者未主动搜寻的状态下,就快速而自动地俘获他们的注意力。"自下而上"刺激所引发的注意捕获称为刺激驱动捕获(stimulus driven capture)。刺激驱动下所捕获的注意也称为"基于显著性"的注意,意指实验刺激(客体)越显著,被注意到的可能性就越大。有关"自下而上"因素的研究着重解决"具有什么特征的广告易于捕获注意"这一问题。这也是为什么设计师喜欢把广告设计成色彩对比强烈的原因。

然而网络上存在了太多的广告,浏览者对于广告已经产生了条件反射式的排斥。根据注意力的加工定向理论,注意是一个把心理集中于感觉输入的主动加工过程。而对于刺激显著的广告画面,浏览者已不需要经过视觉注视就可以判别它的广告身份,因而有意地避过它。反而是刺激较弱的广告画面,浏览者需要投入一定注意力才能识别出这是广告。

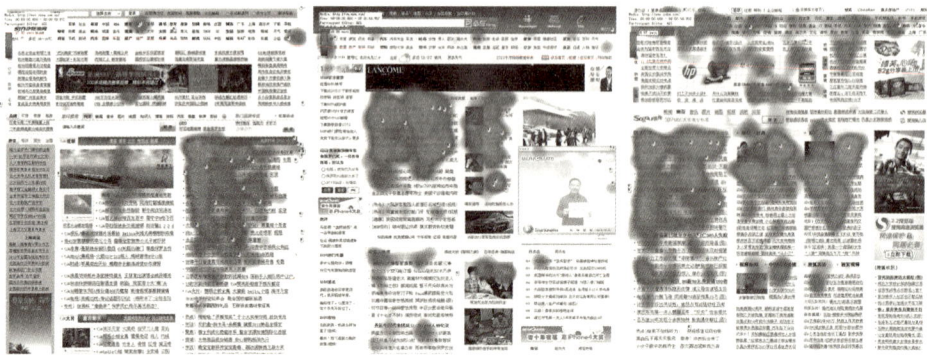

新浪网页   MSN 网页   搜狐网页

图 1-16   网页广告眼动仪测试

1.3.2.5 户外广告

在人流量较高的地区设置户外广告,充分利用时间与空间进行广告传播。户外广告的形式非常多样化,包括灯箱广告、楼体广告、立柱广告、霓虹灯广告、车体广告等。

由于户外广告是供人们在运动的过程中观看的广告,观看时间较短,受众也不太可能停下来认真观看,所以户外广告的信息传播相对直接,不适宜太复杂的信息。

户外广告可根据一地的环境特点专门设计,形成独特创意。广场上矗立的几道色彩艳丽的门引起路人的好奇,有人忍不住打开它,原来门内是另一座城市的人在等着与你互动,这是法国铁路公司推出的户外广告。广告设计师将屏幕封装在门内,当路人开门后,网络另一端的摄像机会拍摄人们的行为,并通过屏幕呈现出来。由于是实时拍摄的影像,门内外的人们还可以进行对话、游戏等互动,甚至有另一个城市的艺术家为你现场画像。如图 1－17。

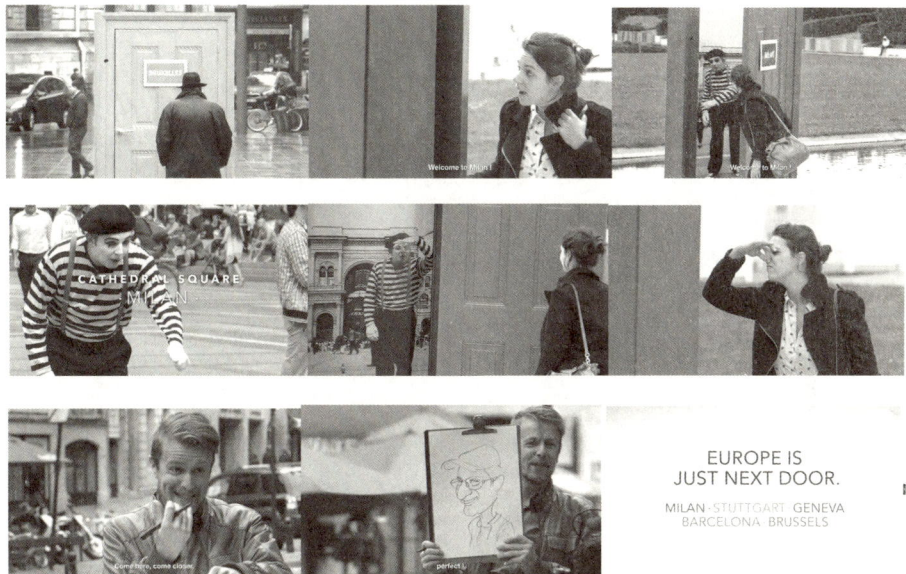

图 1－17　交互式户外广告

1.3.3　基于故事类型分类

1.3.3.1　喜剧故事广告

喜剧故事是商业广告经常采用的广告类型,以幽默诙谐的手法,让观众在会心一笑中记住广告传递的信息。

形成喜剧故事的原因会有很多。例如:故事中主角避免了悲剧的结局、澄清了误会或意想不到的真相大白都可以带来喜剧效果;相对于小人物的悲剧会让人产生同情心来说,高高在上人物的低级错误,或飞来小灾祸却会是喜剧故事;期望与结果的错位会造成喜剧或悲剧,假如错位的后果是良好的,或虽然是不好的结果却无伤大雅,其效果是喜剧,但若后果不好并且严重到无可挽回的地步则是悲剧。

一则啤酒的广告中,男主角连续遭遇飞来横祸,受到致命的伤害却每次都安然无事,男主角对自己的幸运感到非常奇怪。镜头一转,原来是死神正在享受美味的啤酒,顾不上其他事情。如图 1－18。

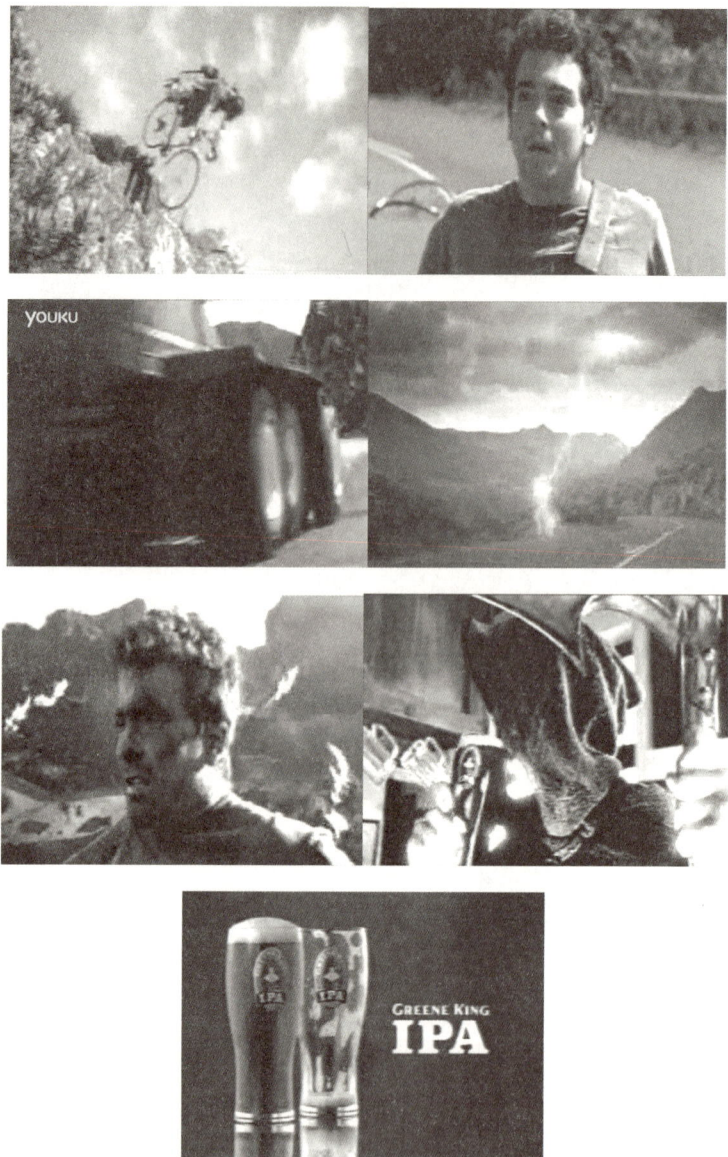

图 1 - 18   啤酒广告

　　正如上面一则啤酒广告所示,喜剧故事广告一般适用于中低价值产品的感性诉求策略,而对高价值产品或理性诉求不太适合。对于需要理性思考的产品来说,喜剧故事会显得不够严肃,容易发生消费者内疚,即消费者对购买行为后悔以至于降低对产品的评价。

1.3.3.2 悲剧故事广告

悲剧故事常出现于公益广告之中,多采用恐惧诉求方式,以起到震撼人心的效果,从而促使人们改变行为。

悲剧通常意味着对美好事物的破坏,所以当美好的情感、优美的环境、可爱的动物等遭受破坏或残害时,会使观众将情感投射到故事中角色身上,感到悲痛并愿意采取行为避免悲剧的发生。

图 1 - 19 保护动物公益广告

一则获得纽约广告节银奖的作品,表现的是在一片苍凉的环境中,动物们纷纷结束自己的生命。画面肃穆悲凉,配合广告语:假如你放弃了,他们也只能放弃。这样一个沉重的悲剧故事,让观众深深地认识到,只有人类才能挽救不断恶化的环境,敦促人们以切实的行动改变这种状况,拯救动物们同时也是拯救人类自身,避免覆灭的命运。如图1-19。

1.3.3.3　生活故事广告

广告产品解决生活中具体而微的生活问题,风格讲求朴实无华,把生活中遇到的不便或痛苦真实地揭示出来,并将使用产品的实际效果展示给人看,不做过多的艺术加工与夸张,具有真实可信的说服力。

很多人都有头痛的问题。头痛的时候感觉就像在脑袋上敲钉子,而且特别害怕高分贝噪声,因为会极大地加重头痛。一则在戛纳广告节获奖广告为观众呈现了一个人在另一个人头上敲钉子的奇异景象,但又让人觉得非常真实可信,让深受此病痛困扰的人感同身受,并愿意接受广告推荐的解除病痛的方法。如图1-20。

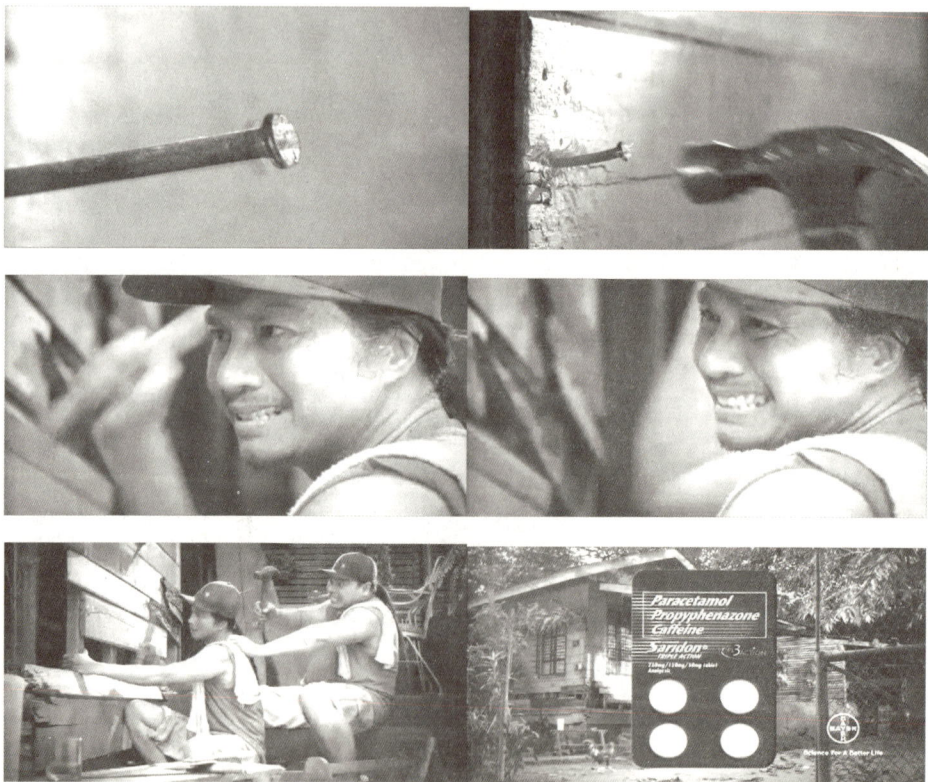

图1-20　头痛药广告

生活故事广告中常采用普通人证言的方式,让生活中的行家里手为观众遇到的问题出谋划策,更具有打动人心的效果。

1.3.3.4　率性真我故事广告

广告中着力启发消费者发现内心的真实自我,展现自己的魅力,演绎一个与现实生活中截然不同的自己;或去发掘自身存在却一直没有被发现的优点;或者反其道而行之,主张消费者隐藏真实身份,去体验一个在平时生活中不敢展露的自己。

率性真我广告定位于马斯洛需求理论的五个层次中的自我实现的层面,主要是针对年轻消费群体,主张揭开假面,率性而为,不在乎世俗的眼光,展露真实的自我,或在广告中声明我很酷,与众不同。

Levi's 牛仔裤在海报中用狼和闪电的符号,向消费者昭示要真实展露自己的野性和炫出真爱,那就要选择该品牌服装。如图 1-21。

图 1-21　Levi's 服装广告

威士忌品牌 John Walker 的一则电视广告中,酒似乎并没有成为广告的主体,两位绅士围绕一艘独一无二的游艇的归属展开竞争,而决定竞争胜负的方式是跳一曲动人的舞蹈或讲述一个感人的故事。在这场充满了绅士风度的较量中,John Walker 酒在其中时隐时现,自然而然地将该品牌的酒与奢华的生活、优雅的名仕风范、率性真我的性情结合在一起。如图 1-22。

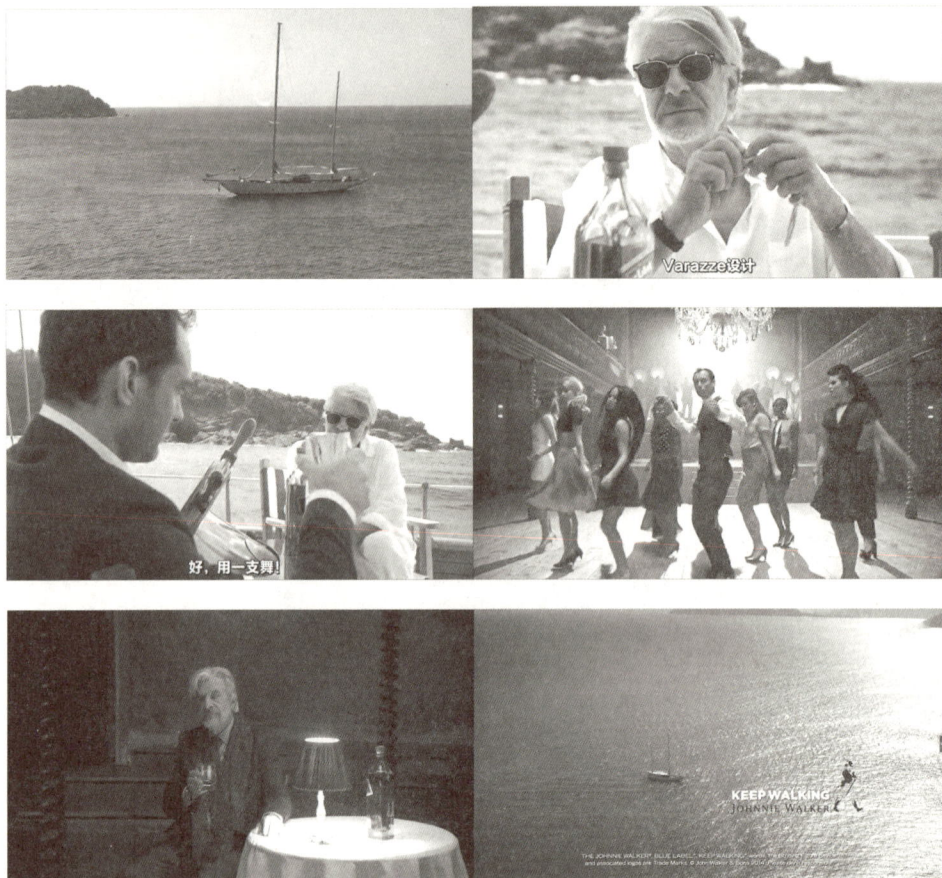

图 1‑22   John Walker 酒广告

1.3.3.5   浪漫故事广告

在广告中用浪漫主义的叙事手法,展开丰富的想象力,向观众讲述一个美好故事结局。爱情常常是浪漫故事的核心元素,但对其他美好事物的分享也同样浪漫,就像浪漫主义诗人描绘的并不只是爱情的诗篇,生活中的点点滴滴都可以激发诗人浪漫的想象。

浪漫故事广告中的产品通常适于表达快乐的主题,或具有气质高雅、氛围浓厚的特点。如香水、化妆品等。此类故事常用于高端产品的感性诉求方式,能够让消费者醉心于浪漫情怀产生的心理增益,而忽略产品的实际价格因素。

这是一个典型的富家小姐与穷书生的故事,却是一个经典的浪漫爱情故事。

广告中知名女星厌倦了浮华的生活,在庆典活动开始前逃跑,并与落魄的诗人不期而遇。在经过了炙热的爱恋与热舞之后,女星还是回到了庆典现场,目光与诗人遥遥相对。Chanel 用浪漫征服去渴望拥有真爱的消费者。如图 1-23。

图 1-23　Chanel 香水广告

浪漫故事不一定需要经过电视广告浓墨重彩的渲染,静静的画面一样可以讲述动人的故事。奔驰平面广告《刹车痕》呈现的是在路边停着一辆奔驰车,车旁边布满了刹车痕。人们都渴望美好的事物,爱车之人在路边突然"艳遇"一辆颜值非常高的跑车,何尝不是一种浪漫? 如图 1-24。

图 1-24　奔驰汽车广告

1.3.3.6 励志故事广告

励志故事讲述平凡人的不平凡故事。不平凡人物的故事注定就是不平凡的,所以他们的故事是传奇或神话,而平凡人追求幸福并最终取得成功,就是励志的故事。

一位聋哑清洁工希望改善和女儿之间的关系,消除父女之间的情感隔膜。当他了解到女儿喜欢杰克逊的舞蹈之后,便借助百度视频自学他的舞蹈,一边看视频认真做笔记,一边在工作间歇努力练习,由于练舞太投入还闹出了一些笑

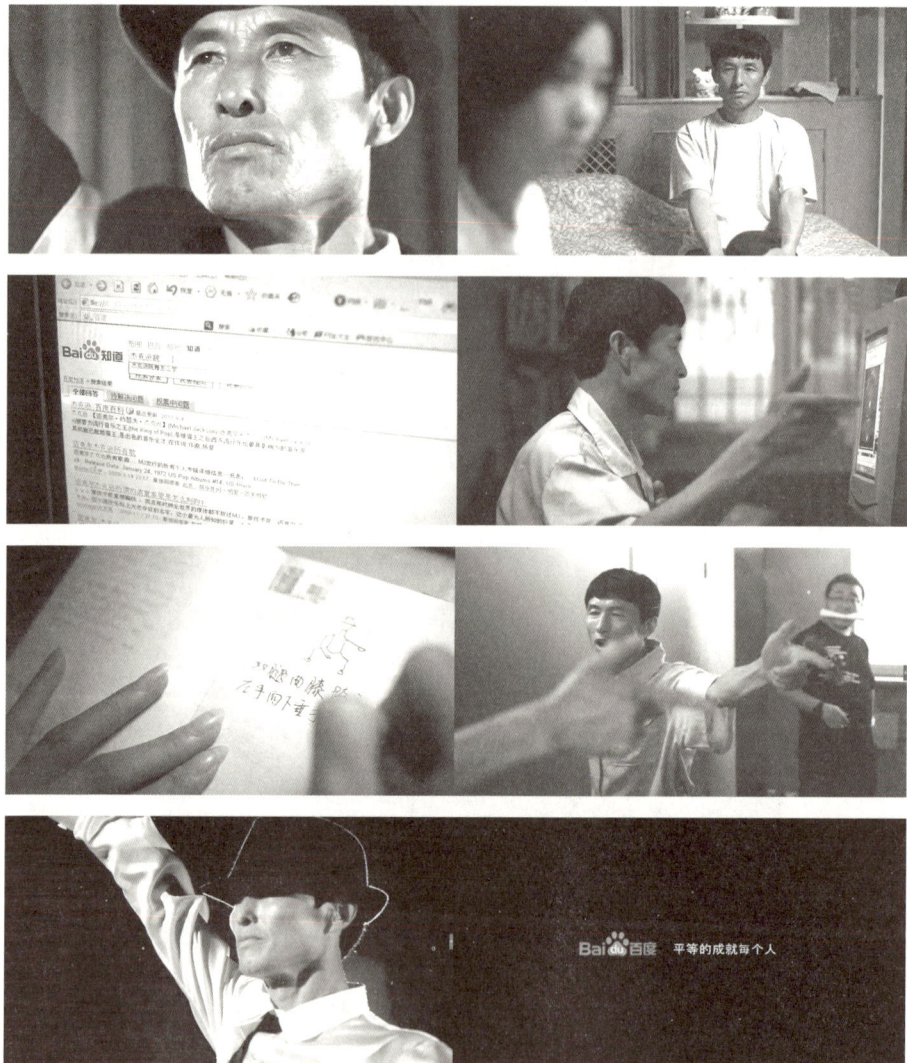

图 1 - 25　百度广告

话。最终他在真人秀舞台上一曲劲舞大获成功,也获得了女儿的理解。励志故事的精髓在于平凡人在付出努力之后一样能获得成功,就像百度在广告的最后所宣称:平等地成就每个人。如图 1－25。

1.3.3.7　传奇故事广告

与励志故事相反,传奇故事讲述的是不平凡人的不平凡故事。传奇故事是以常人所不具备的勇力、气魄,去完成一般人不敢尝试的事,去挑战普通人不能面对之艰险,是敢于冒险的非凡人物的英雄故事。

路虎汽车在其平面广告中展示出来的并不是汽车或是驾车的场景,而是一碗无人敢轻易尝试的"美食"——帕劳的黑蝙蝠和南美洲的大蜘蛛。路虎车是当今顶级豪华越野车品牌,是英国皇室打猎等野外活动的专用座驾,因此它将自己塑造成为敢于冒险的人的终极 SUV,虽然你不是传奇英雄,但是有了路虎车相伴,你可以不断挑战自我,做自己的英雄。如图 1－26。

图 1－26　路虎汽车广告

1.3.3.8　奇幻故事广告

奇幻故事是采用神话、童话、历史穿越、科幻等元素讲述的故事,此类故事能够有效地引起观众的好奇心。现代人因平时接触广告机会太多,或多或少地对广告产生免疫,但奇幻故事由于其离奇的故事情节,迥异于日常生活的视觉元素,所以能够吸引观众注意观看。

奥迪汽车的广告描述了一场吸血鬼的聚会,一个吸血鬼驾驶着奥迪车赶往参加,但不料奥迪车灯太亮如同太阳的光芒,当灯光照到吸血鬼身上,他们纷纷化为灰烬。驾驶者不明所以,下车查看情况时不幸也走进了灯光里,最终化为灰烬。如图 1 - 27。

图 1 - 27   奥迪汽车广告

1.3.3.9   恐怖悬疑故事广告

广告利用恐怖、悬疑故事吸引人的注意力,其实目的还是售卖商品或输出观念,所以通常会和幽默手法结合,以化解恐怖带来的不适。

台湾一家广告公司招聘艺术指导的广告,先是描绘了一个昏暗的走廊里发生了一宗谋杀案,被害人死前在墙壁上用自己的血写下"凶手是 Nick"。不料,过了一会死者又睁开眼睛爬了起来,把原来写下的血书擦掉,重新用印刷体写下同样的内容后再次死去。可过了一会死者又一次醒来,再用花体字重新书写,并爬远一些观看确认效果美观之后又死去。广告用凶杀恐怖的情节先吸引观众的视线,再以一个患有艺术强迫症死者的不甘,幽默地表达出对未来艺术指导所具备的特质的期许。如图 1-28。

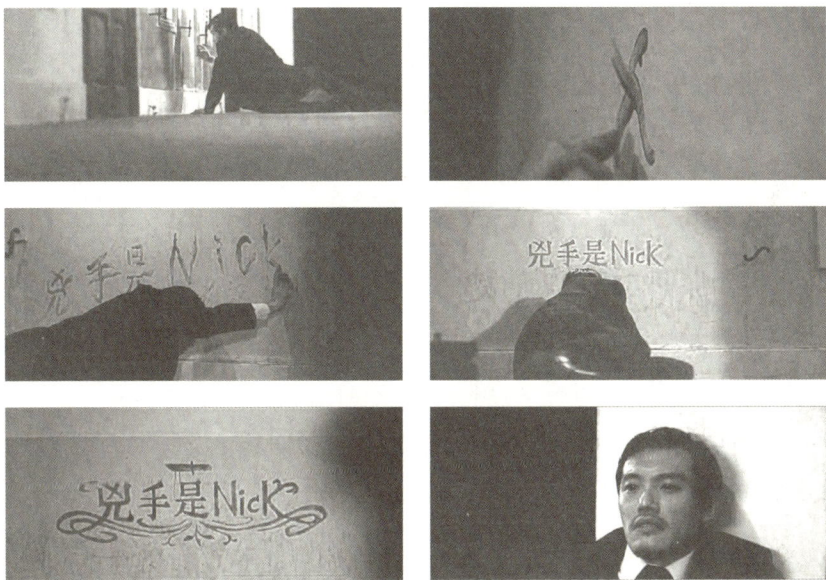

图 1-28　广告公司招聘广告

1.4　广告的作用

不同类型的广告由于目的不同,因此所发挥的作用也各不相同。商业广告重在销售产品、提升品牌形象,而公益广告则是以行为劝诫、道德疏导为根本目的。

1.4.1　商业广告的作用

(1)促进购买。商业广告最直接的目的就是促进产品的销售,在广告中传达有关产品的功能、品质以及自身优势等方面的信息,实现对产品销售业绩的直接提升。如果配合促销等活动,可实现短期的促进效果。

（2）树立品牌形象。在广告中传达品牌的个性，与消费者建立情感上的联系，让消费者对品牌产生认同，以此培养消费者对品牌的好感度与忠诚度。品牌形象的树立，有助于企业长期巩固市场，扩大销售。

（3）树立企业形象。在广告中向公众展示企业实力、社会责任感和使命感，以期获得消费者的认可，增强消费者对企业的好感度和美誉度，从而带动产品销售。

（4）巩固与经销商的关系

经销渠道对产品的销售具有重要影响，对消费者的广告行为也有助于与经销商增强联系与沟通，使经销商对企业及品牌产生信赖感。

1.4.2　公益广告的作用

（1）改变认知，提醒危害（如吸烟有害、关心留守儿童、食品安全、用药安全）。对于世人不知道某类信息，或知晓但不重视的情况，通过广告告知信息或提起注意、警示危害。

（2）促进公益行为（如制止犯罪、健康检查、关爱老人、公益捐赠）。公益广告更重要的使命在于改变人们的不良行为、坚持正确的行为，所以除告知信息之外，还需要促进人们将认知转化为行动。

（3）减少或拒绝有害行为（如拒绝皮草、控烟、杜绝浪费、拒绝家暴）。指出某些行为的危害性，呼吁减少此类行为的发生。

（4）改变行为发生的时间（如酒后驾车、驾车发短信、噪音扰民）。某些行为本身没有错误或危害，但当它在不恰当的时间发生，或两种行为合并发生的时候就会导致危害发生。公益广告就需要呼吁人们做出改变。

（5）改善或树立形象（如国家形象、职业操守、精神文明建设）。通过公益广告引导人们遵守社会公德，树立良好的社会风范，或跨文化传播价值观，树立国家形象。

第 2 章

广告的相关理论与模型

．

假设你患了急性阑尾炎，必须在今天晚上动手术。你希望是一个研读过解
剖学的外科医生，还是一个拒绝阅读有关书籍，只相信自己直觉的人来替你动这
个手术呢？为什么厂商愿意拿金钱——甚至是他公司的前途——压注在你的直
觉上呢？

——大卫·奥格威

广告的传播实质就是信息的传播，广告的信息传播过程和经典的传播过程
并无二异，包括传播者、受众、渠道、信息和反馈等。关于广告的传播和创意有一
系列的相关理论与模型，解释了广告的传播过程、创意过程，以及广告有效到达
受众的重要系列因素。

2.1 广告与传播理论

2.1.1 拉斯韦尔的传播学 5W 理论

美国学者 H.拉斯韦尔(英文名)于 1948 年在《传播在社会中的结构与功能》
一文中提出了构成传播过程的五种基本要素，并按照一定结构顺序将它们排列，
形成了后来人们称之"五 W 模式"或"拉斯韦尔程式"的过程模式。这五个 W 分
别是英语中五个疑问代词的第一个字母，即：Who(谁)、Says What(说了什么)、

In Which Channel(通过什么渠道)、To Whom(向谁说)、With What Effect(有什么效果)。

如果我们将5W理论应用在广告传播中,即为广告的五个主题(见图2-1)。

图2-1　5W理论模型

2.1.1.1　广告传播的主体

传播者——"谁",可以是个人或组织机构,这是广告中的传播者。广告传播的目的和责任决定了广告传播必须有明确的广告主。当消费者接收商品或服务信息后,需要决定是否购买这种商品时,首先需要了解这是谁生产的,是否具有可信度。同时,有明确的广告主广告传播也是对社会、消费者负责,只有明确是谁发出的广告,才能真正明确责任。

广告传播中信源的可信度是非常重要的,具有公信力的机构或信誉良好的企业发出的广告更容易获得受众的接纳,建立具有较高知名度的品牌能够使自身成为可信的广告信源。邀请明星或机构代言也是增加广告信源吸引力的有效方式,但这也产生了其他问题,如明星是否能够保证信息是可靠的。同时还要考虑不同文化下的信源主体是否具有同样的效果,比如宗教和种族的影响、明星的国际影响力等。

2.1.1.2　广告传播的客体

"说什么",即讯息(或信息)。这是广告传播的第二要素。信息具体是指思想观念、感情、态度等等,这里的信息不是泛指任何方面的信息,而是限于广告所"诉求"的信息,广告意欲告诉受众什么。广告主只有把诉求的信息传播给受众,才能实现广告传播的目的。

广告信息的内容强调准确性和重复性,这样才能更好地把信息传递给受众。为了增加广告信息的传达效果,广告通常会对需要表达的同一主题多次进行传达,加强受众的印象和记忆。例如在好奇纸尿裤的广告中,为了传达高吸水性这一产品特性,用了系列的广告传达同一广告信息。如图2-2。

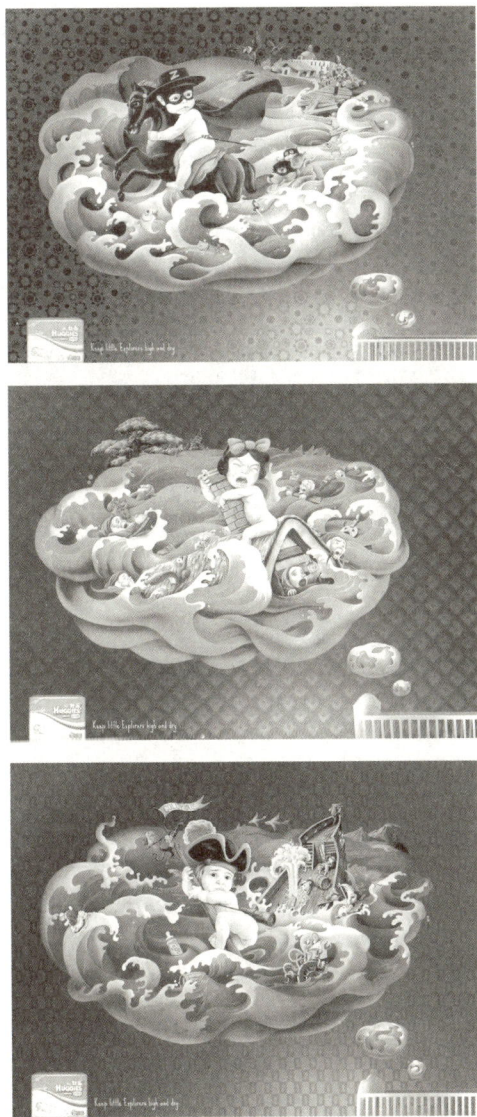

图 2 - 2　好奇纸尿裤广告

　　广告信息还有不同的诉求特点,其信息内容可以是偏情感诉求,也可以是偏理性诉求。例如同样是大众汽车广告(见图 2 - 3),其中传达的信息可以是很感性,也可以是很理性,对不同类型的消费者也会有不同的影响。广告的信息传播中,情感诉求可以是恐惧诉求、性别诉求等不同类型。

More meetings for us, less danger for you.
Five star safety rating. The Golf.

An all-new interior. The Fox.

Das Auto.

图 2-3　大众汽车广告

2.1.1.3　广告传播的渠道(媒介)

传播媒介把信息转化为不同的符号形式,才可能实现跨越时空的传播。那么广告传播的渠道或者媒介也是多样的,其中既包括传统的媒介形式例如报纸、杂志、广播、电视、电影、书籍等,也包括新的互动的媒介形式等。一些有创意性的广告还会以人们日常生活中的场景、环境等作为广告的传播媒介(见图 2-4)。

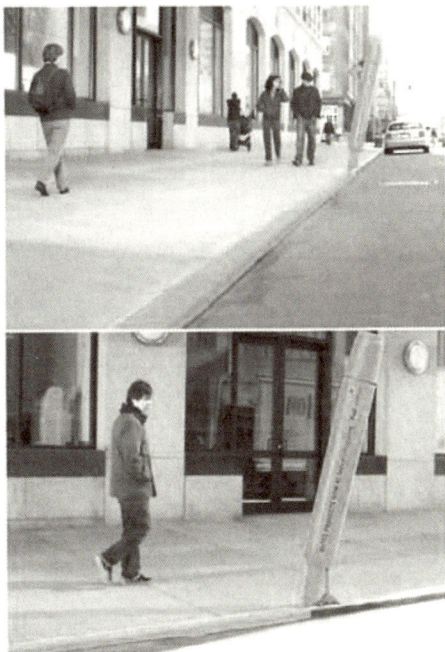

图 2-4　环境媒体广告

2.1.1.4　广告传播的受众

是指广告传播的对象(包括人或组织),也就是信息的接受者。任何广告传播总是针对一定范围的对象进行的,广告既不能没有传播对象,也不可能以所有人作为传播对象。没有传播对象的广告一定是无效的,针对所有人的广告也注定是失败的,没有任何一种商品能够满足世界上所有人的需求。事实上,广告主在进行广告传播时,总是以预想中的细分人群为传播目标的。划分细分人群(细分市场)的标准是多样的,可以以人口和地理特征、心理特征和生活方式、产品态度和利益追求、消费行为和价值等作为细分标准。

2.1.1.5　广告传播效果

虽然大多数的商业广告是以促进销售为目的,但广告传播效果并不是以销售量的增减为依据,而是以广告的收看、收听、认知、记忆等间接促进销售的因素为依据。影响商品销售量的因素有很多,产品特征、铺货渠道、竞争对手,甚至突发政治事件等各方面因素都会产生影响,因而难以以此评价广告传播的效果。

　　广告一方面是一个信息传播者向接受者发出信息的过程,另一方面也包括信息的接受以及由接受者作为反应的反馈过程在内,包括接受者的心理及行为模式等。所以说广告效果是传播、接受、反馈活动的总和。如图 2 - 5。

图 2 - 5　苹果专卖店排队购买的人群

2.1.2　ROI 理论

　　ROI 理论(Relevance Originality Impact),是关于广告创意的一种实用的广告创意指南。20 世纪 60 年代的广告大师威廉·伯恩巴克(William Bernback)根据自身创作积累总结出来的一套创意理论,坚持"广告是说服的艺术"的观点。

　　ROI 理论的基本主张是优秀的广告必须具备三个基本特征,即关联性(Relevance)、原创性(Originality)、震撼力(Impact)。三个原则的缩写就是 ROI。

　　1)关联性

　　所谓关联性就是广告创意的主题必须与商品、消费者密切相关。在广告传播中,广告需要传达关于商品的有效信息,为了强调所推荐商品的特点,并生动形象地表达该商品的个性特征,广告常常需要为产品找一个关联体,把产品的某些特征通过关联体身上类似的属性反映出来。

2）原创性

广告创意应与众不同,其创意思维特征就是要求"异"。但这种求异思维并非一味地标新立异,而是要有参照系的创新性思维。新颖性是广告创作的一个根本要求,以区别于其他产品的广告,要突破常规的禁锢,善于寻找诉求的突破。例如卡地亚 2015 年的"猎豹"系列广告(见图 2-6),将野性但是优美的猎豹作为卡地亚珠宝的关联体,既具有原创性,也具有强烈的视觉震撼力。

图 2-6　卡地亚猎豹系列广告

3）震撼力

指广告作品在瞬间引起受众注意并在心灵深处产生震动的能力。比如BUND 的一则动物保护主题的公益广告(见图 2-7),一头棕熊被卡在时钟的指针之间,似乎消亡仅在分秒之内,非常震撼人心,有强烈的情感效果。

图 2-7　保护动物主题公益广告

　　震撼力并非只存在于好莱坞大片式的广告作品中,有时不为人们所注意的事实的真相就具有震撼人心的效果。如情感诉求的广告就是让消费者在浓厚的情感氛围中传达商品的信息,使消费者不自觉地产生情感共鸣,强化对产品的好感度。怀旧广告是情感表现广告的一种重要的形式,例如南方黑芝麻糊的怀旧广告。广告传播者需要把消费者这些记忆深处的故事挖掘出来,引起消费者感情上的共鸣,让产品巧妙地融入其中,传递商品的信息,将能起到很好的广告效果。

　　关联性、原创性、震撼性是优秀广告创意的根本,针对消费者需要的"关联"并不难,有关联但点子新奇也容易办到,然而同时实现这三者完美结合却是个高要求,这就必须建立在深刻地了解消费者、了解市场、清楚产品的特点以及明确商品定位的基础之上。概括起来说,真正达到 ROI 理论提出的关联性、原创性和震撼力三个原则,需要明了以下五个方面的内容:①广告目的;②广告受众;③产品核心竞争力;④品牌个性;⑤广告媒介。

2.1.3　DAGMAR Model 模式

　　1961 年,美国广告学家 R.H.科利(Russell H. Colley)提出 DAGMAR 模式。他认为广告的成败与否,取决于是否能有效地把想要传达的信息与态度,在正确的时候花费正确的成本传达给正确的人。在《为衡量广告效果而确定广告目标》一书中,他提出"为度量结果而确定广告目标"的方法(Defining Advertising Goals for Measured Advertising Results),并被称为 DAGMAR 模式。

　　DAGMAR 与传统广告目标方法的不同之处在于,它注重信息传播而非销售最终的变化,因为消费变化的因素实在太多了,广告只是其中很重要的组成部分。

　　科利建立起广告传播的效果层级模式,主张每一阶段都必须确立能够加以科学测定的量化指标,以便最后测定和衡量广告传播效果。除了把沟通任务作为广告目标的核心,DAGMAR 模式还提出了关于广告的几个原则。例如:广告目标需要用简洁、可测量的词句写成的;如果对广告目的尚未达成协议,那么在制作广告之前就要把广告目标找出来,而非在事后再找;广告目标的制定,应当以对市场及其各种购买动机方面深入研究为基础；要对顾客的心理状态了解，例如其认识、态度与购买习性等，要在广告刊播之前与之后加以鉴定，或者将受众中的广告达到者与广告未达到者的视听众进行效果比较。

DAGMAR 模式包括以下几个步骤：①知名，潜在顾客首先一定要对某品牌或公司的存在"知名"。②理解，潜在顾客一定要了解这个品牌或企业的存在，以及这个产品能为他做什么。③信服，潜在顾客一定要达到一心理倾向并信服想去购买这种产品。④行动，潜在顾客在了解、信服的基础上经过最后的激励产生购买行为。

DAGMAR 广告效果模式如图 2-8 所示。

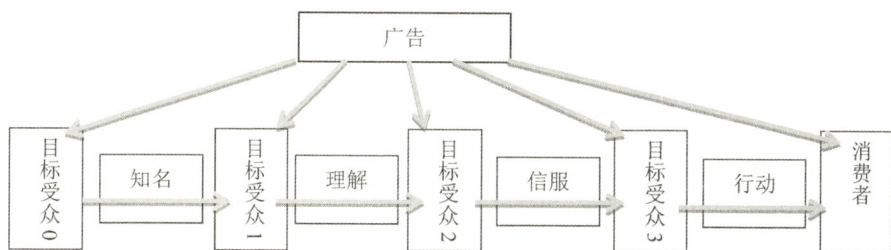

图 2-8　DAGMAR 广告效果模式

2.2　广告与营销理论

2.2.1　USP 理论

USP 理论是由美国 Ted Bates 广告公司董事长罗塞·里夫斯（Rosser Reeves）在 20 世纪 50 年代首创，认为在销售或者广告中要有独特的销售主张或"独特的卖点"，即"独特的销售主张"（Unique Selling Proposition）。

"独特的销售主张"（USP）是广告发展历史上最早提出的一个具有广泛深远影响的广告创意理论。该理论认为，一个广告中必须包含一个向消费者提出的销售主张，并具备三个要点：①利益承诺，即每一个广告都要对消费者提出一个说辞，给予消费者一个明确的利益承诺。②独特性、唯一性，是其他同类竞争产品不具备或没有宣传过的利益点。③强有力和集中，这一卖点一定要强有力，能够招来数以百万计的大众。

　　USP 理论主要有三个功能:价值功能;差异化功能;促销功能。很多成功的广告案例都是应用了 USP 理论,找到了一个独特的销售主张。例如 M&M 豆的广告语是:只溶于口,不溶于手。农夫山泉的广告语:"农夫山泉有点甜"和"我们只是大自然的搬运工"。如图 2-9。

图 2-9(a)　M&M 广告

图 2-9(b)　农夫山泉广告

2.2.2　品牌形象理论(BI 理论)

　　品牌形象理论(Brand Image 理论)于 20 世纪 60 年代由奥美广告公司创始人大卫·奥格威提出。该理论核心主张为追求品牌形象差异的长期性,认为广告就是建立、培育和发展品牌,这是由于产品和产品相似点越多,消费者选择品牌的理智考虑就越少。正如奥格威所说:广告就是对品牌形象的长期投资。

　　那么,什么是品牌? 品牌是消费者在生活中,通过认知、体验,逐步建立对产品及生产产品的企业的信任与感受,它是消费者如何感受一个产品的总和。美国营销协会提出:"品牌"指"名字、称号、记号、象征、设计或上述的联合体,旨在确认某个销售者或销售集团的货品和服务,以便与竞争对手区隔开来"。

产品不等于品牌。产品是基于事实的,是工厂所生产出来的东西;而品牌则是基于感受的,是消费者所购买的东西,它除了包含产品之外,还包括品牌带来的优质服务、质量保证、身份认同等衍生价值。产品可以被竞争者模仿,极易迅速过时落伍;而品牌则是独一无二的,一些成功的品牌在消费者心目中一直长青不辍。

品牌具有 3 方面核心价值:①理性价值;②感性价值;③象征性价值。

1) 理性价值

理性的品牌核心价值着眼于品牌利益,即品牌能够为消费者带来哪些功效、性能、质量等依托于产品属性的功能利益,是绝大多数初创品牌的立足的根本之所在。广告中强调理性价值,在快速消费品行业相当常见。

2) 感性价值

感性的品牌核心价值关注的是品牌关系,着眼于顾客在购买和使用的过程中获得的感受,这种感受为消费者与品牌营造了密切的情感关系。情感性价值是强势品牌的代表性特征。

3) 象征性价值

象征性的品牌核心价值展现的是品牌个性,使品牌获得消费者的认同,成为消费者性格、气质、身份等内在品质的外化。

2.2.3　广告定位(Positioning)理论

广告定位,是指企业从消费者需求出发,把整个市场,按照不同的标准分为不同的部分或购买群,并选择其中一个或几个市场部分进行广告调查、确立广告主题、选择广告媒体、编写广告文案、实施广告行为的系统广告营销策略。

定位理论的创始人艾·里斯和杰克·特劳特曾指出:"'定位'是一种观念,它改变了广告的本质"。定位并非是要开发新的产品或是增加功能等,它不是改变产品本身,而是力图寻找到一个新的产品与消费者之间的匹配模式。"定位从产品开始,可以是一种商品、一项服务、一家公司、一个机构,甚至于是一个人,也许可能是你自己。"定位是你对未来的潜在顾客心智所下的功夫,也就是把产品定位在你未来潜在顾客的心中。例如 Kate Spade & Co. 旗下的 Juicy Counter 品牌定位是"轻奢",活力的年轻时尚品牌。如图 2-10。

图 2 - 10   Juicy Counter 服装广告

　　广告定位是现代广告理论和实践中极为重要的观念,被称之为有史以来对美国营销影响最大的广告理论。定位是广告主与广告公司根据产品特点及社会既定群体对此类产品某方面属性的差异化需求,把自己的广告产品确定于某一细分市场,对具有某方面共同特征的目标消费者出售,以利于在这个领域与其他厂家产品竞争。它的目的是在广告宣传中,为企业和产品创造特色、树立独特的市场形象,从而满足目标消费者的某种需要和偏爱,为促进企业产品销售服务。广告定位的方法主要有抢先定位(进入某行业的领先公司,如可口可乐、王老吉等)、强化定位(加强产品在消费者心目中的印象,以确保第一的地位,比如"只有可口可乐,才是真正可乐")、比附定位(例如宁城老窖在广告中宣称自己是"塞外茅台")、逆向定位(企业在进行广告定位时,面对强大的竞争对手,寻求远离竞争者的"非同类",例如七喜汽水"非可乐"定位)、补隙定位(舒肤佳香皂的去菌功能的定位,沃尔沃宣称自己是最安全的汽车)等。

2.2.4　广告螺旋理论(Advertising Spiral)

　　广告螺旋理论是针对广告策略传播阶段的理论,1925 年由格勒纳(Kleppner Otto)在其著作《广告创意》(Advertising Procedure)中最先提出。广告螺旋理论的主要论点在于:针对产品在生命周期的不同阶段以及不同的市场情况应该采取不同的广告策略,格勒纳认为可将产品生命周期区分为三个阶段:开拓阶段(Pioneering stage)、竞争阶段(Competitive stage)、保持阶段(Retentive stage)。

1）开拓阶段

新产品刚进入市场,市场上还没有出现或仅有少量竞争者。在这个阶段消费者对产品还缺乏相应的概念与认知,不了解产品有怎样的功能与特性,所以阶段的广告功能必须以功能或用途为诉求重点,建立起消费者对产品的初步概念。如某企业推出一种自动给婴儿冲奶粉的机器(见图 2-11),广告以"潮妈的哺喂秘诀"打入市场,告诉消费者现在存在一种产品,它完全能够满足他们早已存在但一直不能得到满足的需求。

图 2-11　冲奶粉机广告

2）竞争阶段

新产品已经获得了市场的认可,企业利润上升的同时也面临着更多竞争者,各商家试图瓜分或占有市场。在此阶段消费者已经对产品有了相应的了解,广告的任务是让消费者在众多竞争品牌中选择自己的品牌,因此广告诉求应强调自我品牌的特色以区别其他品牌。

3）保持阶段

经过充分竞争,市场格局已基本稳定,消费者对市场上的品牌已形成一定的概念。此时广告策略应以巩固本品牌在消费者心目中的地位为主。

在保持阶段之后,企业会针对产品加以改良,开发产品的升级版或以全新的产品进入市场,此时进入第二周期的开拓阶段。如此周而复始,整个市场呈现螺旋状发展。

2.3 广告心理理论

2.3.1 AIDA Model 爱达模式

AIDA 模式（Attention，Interesting，Desire，Action）也称爱达模式，阐释了广告在市场中发挥功能的四个步骤。第一步是注意（attention），即引起客户的注意；第二步是兴趣（interesting），引起顾客的兴趣；第三步是需求（desire），培养顾客的欲望，最后一步是行动（action），促成顾客的购买行动。如图 2-12。

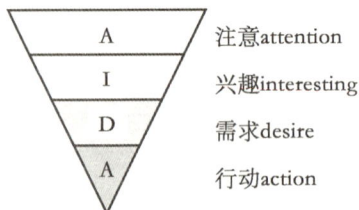

图 2-12 AIDA 模式

AIDA 模式是国际推销专家海英兹·姆·戈得曼（Heinz M. Goldmann）总结的广告营销模式。在具体的广告营销操作过程中，一个成功的广告必须把顾客的注意力吸引或转变到产品上，使顾客对产品产生兴趣，并产生欲望，最后再促使采取购买行为，达成交易。

2.3.2 AIDMA 法则

AIDMA 法则是由美国广告人 E.S.刘易斯提出的具有代表性的消费心理模式，它总结了消费者在购买商品前的心理过程。消费者先是注意商品及其广告，对哪种商品感兴趣，并产生出一种需求，最后是记忆及采取购买行动。依次为：Attention（注意）——Interest（兴趣）——Desire（消费欲望）——Memory（记忆）——Action（行动），简称为 AIDMA。之前讲到的 AIDA 模式实则是在 AIDMA 模式基础上去掉 Memery。另外还有一个改进的版本是将 M（memory）一词换成了相信（Conviction），又简称为 AIDCA。如图 2-13。

注意兴趣欲望记忆行动

AttentionInterestDesireMemoryAction

图 2 - 13(a) AIDMA 法则

注意兴趣欲望行动

AttentionInterestDesireAction

图 2 - 13(b) AIDA 法则

注意兴趣欲望相信行动

AttentionInterestDesireConvictionAction

图 2 - 13(c) AIDCA 法则

普遍认为,AIDMA 法则可作为广告文案写作的方式。作为广告心理研究的 AIDMA 法则,提出了广告的四个阶段:①注意——知觉阶段;②兴趣——探索阶段;③欲望——评估阶段;④确信——决策阶段;⑤购买——行动阶段。

2.3.3 L&S 模式

1961 年,罗伯特·J.勒韦兹(Lavidge)和加里·A.斯坦纳(Steiner)在《市场杂志》期刊中,提出了一种"从知名到行动的进展"层级模型,阐释了广告诉求与消费心理的关系,被称之为勒韦兹和斯坦纳模式,简称 L&S 模式。

L&S 模式理论认为,消费者对广告的反应由三个部分组成,即认知反应、情感反应、意向反应。

1）认知反应

认知反应包括知晓和了解。知晓指消费者发现产品的存在,发生于消费者与广告接触之际;了解是消费者对产品性能、效用、品质等各方面特点的认识。

2）情感反应

情感反应包括喜欢和偏好。例如喜欢是消费者对产品的良好态度;而偏好是消费者对产品的良好态度扩大到其他方面。因此喜欢和偏好是密切联系的两种反应,它们是消费者对产品的评价,是衡量产品是否是一种满意而合适的问题解决的办法。

3）意向反应

意向反应包括信服和购买。由于偏好,消费者产生了购买欲望,而且认为购买该产品是明智的,这就产生了信服。信服代表决策的结果,它说明在做决策之后,消费者已经坚信购买广告产品,或者说有了购买广告产品的动机;购买是由态度转变为实际的行为反应。勒韦兹和斯坦纳认为,广告活动要达到最终目的,就要促使消费者由知晓向购买进展。

知名的英国品牌 M&S 在营销中的成功就是运用 L&S 模式,引导消费者由知晓向购买进展的体现。当然也有学者提出,L&S 模式存在一定的缺陷。例如对某些产品,消费者不一定按照 L&S 模式所制定的次序进行,他们可能开始一两个过程后就是停止或重新开始。有些消费者可能一下子将全部过程完成,以至于区别不出各个阶段进展的过程。此种情况特别在低风险、低花费产品上更为多见。而还有些消费者可能完全不遵循这种过程,他们可能按照某种其他途径作购买决策。例如有的消费者可能由知晓直接进展到偏好,而省略掉了解和喜欢这两个阶段。如图 2-14。

2.3.4　ELM 模型

精细加工可能性模型(Elaboration Likelihood Model,ELM),由心理学家理查德·E.派蒂和约翰·T.卡乔鲍提出的,是描述态度改变的说服理论模型,也是关于消费者信息处理方面最有影响力的理论模型。依据该理论模型,消费者在进行信息加工的时候存在两种不同的路径:中心路径与边缘路径。当个人与广告信息相关程度较高的时候(高卷入度),消费者信息加工的中心路径将被激活;而当信息与

图 2－14　M&S 广告

个人关联度不高的时候(低卷入度),激活的则是信息加工的边缘路径。

　　在中心路径的情况下,消费者对待广告的参与度较高,在形成对广告品牌的态度时能够有意识地认真考虑广告提供的信息,消费者进行一系列严肃的尝试,以逻辑的方式来评价新的信息,他们对广告产品或目标的信息仔细思考、分析和归纳,最终导致态度的转变或形成。相反,在边缘路径情况下,消费者对待广告的参与度较低,态度的形成和改变没有经过积极地考虑品牌的特点及其优缺点。

　　中心路径诉诸消费者的理性,而边缘路径往往诉诸感性因素。例如,促使新新人类购买其热爱的青春偶像代言的某种饮料的原因,实际上与该饮料的特性毫无关系,真正起作用的是对偶像的狂热。这是因为人们在对该饮料本身的特性不太了解的情况下,只能通过该信息的外围因素(如产品包装、广告形象吸引力或信息的表达方式等)来决定该信息的可信性。如图 2－15。

图 2－15　边缘路径的广告

第 3 章

广告诉求

好广告不只在传达讯息，它能以信心和希望，穿透大众心灵。

——李奥贝纳

3.1 广告诉求及其要素

3.1.1 什么是广告诉求

广告诉求，俗称"卖点"，换言之就是广告"说什么"。我们既然把广告定义为讲故事，那么你的故事能打动听众的理由是什么？以一部车为例，它的特点可能有很多：流线造型、NCAP 安全碰撞测试 5 星评级、智能驾驶、动力强劲、车身特别长、格外省油、贵到吓死人……在这众多特点中，有哪一点是你格外想告诉消费者的，而其他品牌的车都做不到，或者做不到这么好。当你把这个特点说出来，就是"倚天不出，谁与争锋"，消费者一定会为之买单的大杀器。有时候哪怕是缺点，但是当定位准确的时候，面对特殊的细分市场，缺点也有可能变成优点，比如说"贵"。"只买贵的，不买对的"确实是一部分人的心理，因为"贵"不止意味着价格昂贵，还可以解读为"尊贵""高贵""富贵"等。这就是广告的诉求。

以大众速腾汽车广告为例，"看起来很贵"是它的广告诉求，广告中描述了一位郁闷的车主，无论开车走到哪里，他都会发现商人们偷偷把商品的价格提高了，原因只是他开了一部速腾，而这款车"看起来很贵"。这个广告乍一看有些匪夷所思,但事实上符合了部分消费者的心理,即希望自己看起来是个有钱人。在西方,有钱人一般生活在富人区,也会在相应的场所消费,同样的商品即使付出更高的价格也是应当的。而有钱人如果到廉价超市购物,会被认为与穷人争福利。汽车除了是一种交通工具,同时也被看作是财富与身份、地位的象征,所以如果你希望自己看起来更富有,那就买一部速腾轿车,会让你显得身份尊贵。当然,也请你承受富人的痛苦。如图 3 - 1。

图 3 - 1 大众汽车广告

3.1.2　广告诉求的要素

广告诉求如此重要,它决定了广告要向消费者讲述什么样的故事,也就决定了故事应该怎样讲(广告策略),以及故事的具体内容(广告创意),可以说没有准确的广告诉求也就不会有成功的广告。那么广告诉求成功的要素是什么?

1) 要有准确的细分市场或目标人群

找准真正对你的产品感兴趣的人,没有任何一种产品是适合所有人的,即使是面向最基础需求的产品如大米和面粉也有需求上的差异。一般说来我国北方人爱吃面食,南方人爱吃大米。而大米的口感又有不同,有的软糯有的有韧劲,有的适宜煮粥有的适合蒸饭,某一种产品不可能符合所有人的口味,所以不要企望把一种产品卖给所有人。

经过准确的市场细分找准目标人群,才有可能向正确的人群销售正确的产品,假如说目标人群不正确,那么再好的广告也只能是南辕北辙。按照细分市场理论,通常按照地理因素、人口因素、社会阶层因素、行为因素和心理特征等对市场进行细分。

具体地说,地理因素包括:国家、地区、城市、农村、气候、地形;人口因素包括:年龄、性别、家庭人口、家庭类型、家庭生命周期、国籍、民族、宗教;社会阶层因素包括:职业、收入、受教育程度;行为因素包括:所追求利益、使用者地位、产品使用率、忠诚程度、购买准备阶段;心理特征包括:人生观、态度、家庭影响、个性、爱好、审美等。

2) 要有正确的诉求中心

制约广告诉求的首要因素是广告目标。广告主希望通过广告树立品牌形象,还是实现短时间内销售业绩的提升,或者说向竞争对手发起冲击扩大市场占有率?广告目标的不同决定了诉求中心的选择。

其次是目标人群的需求。不同的人群有不同的需求,找准目标人群的需求才能正确地向他们进行广告诉求。而同一个人群对产品的需求也可能是多方面的,这时就要抓住其中最重要一点进行诉求,而不是试图在方方面面都迎合消费者的需求。广告的信息量承载是有限的,不能指望一个广告包含太多内容。同时消费者对于广告信息的记忆也是有限的,过度的信息会被消费者遗忘。例如年轻职业女性对鞋子的需求可能是:时尚的、职业的、舒适的、轻便的、高跟的(以显得身形更挺拔)、平跟的(以适合长时间站立的需求)、内增高的等等,其中有些需求甚至是相互抵触的,那么它的诉求中心应当是哪一种? 要找准目标人群最迫切的需求,而你的产品又具有这方面特质的点来进行诉求。以下两条广告语:"温柔似情人的手""穿在你的脚上,看在情人的眼中"看似都是以"情人"切入,但其诉求点却是截然不同的。

3) 要有正确的诉求方法

既然广告的根本的目的是向消费者销售产品,或是期望对方接受某种观念、信息,那么广告的诉求就可以从消费者或者是产品/观念两方面入手。

广告着眼于打动消费者的,通常从他们的心理入手,抓住其重视的某一方面需求与情感进行诉求,从而影响消费者对产品或观念的态度。这种诉求方式被称之为情感诉求。

广告着力传达产品或观念的客观情况,使受众经过概念、判断、推理等思维过程,理智地做出判断的方式,被称之为理性诉求。

而广告中用理性诉求传达产品信息、观念,以感性诉求激发受众的心理情感的则为混合诉求。

3.2　理性诉求方式

3.2.1　哲理性诉求

广告中包含着哲学思考的诉求。除了传递产品信息之外,还将深刻的哲学思考融合进广告,使受众在接受哲理的过程中感受到产品的价值或意义。通过思想的认同,使受众对产品产生深层次认同,觉得广告售卖的产品比其他同类产品与自身更契合。

此类诉求方式对目标消费人群有一定要求,其人生经历、知识背景等需要支持其产生与广告传递的哲理共通的感悟,并且认可这种哲理。

哲理性诉求可以通过内涵与形式两方面呈现。

图 3 - 2 是某品牌白色涂改笔的广告,画面中涂装成浑身白色的天使与赫拉

克勒斯,将浑身黑色的恶魔、九头蛇制服在地。其表层寓意是白色比黑色更强大,因而白色涂改液会死死地压制住黑色墨水,使其不能翻身。再往深层次想,为什么胜利的一方都是白色的(正义的),而失败的一方都是黑色的(邪恶的)?是因为他们取得了胜利,所以是白色的,历史是由胜利的一方书写的,而这种涂改笔修改的不是文字,而是历史。

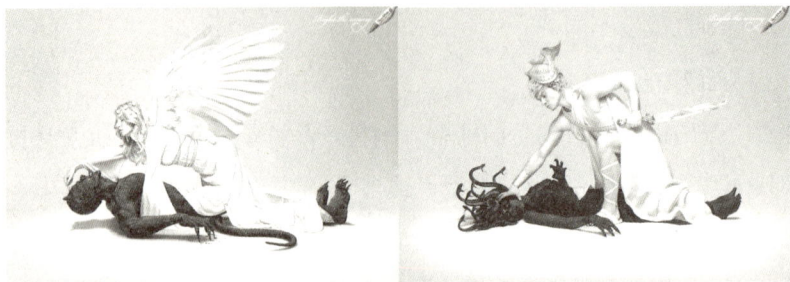

图 3-2 涂改笔广告

哲理性诉求有时会故意设置一些理解其哲理的关卡或小障碍,当受众突破这些障碍能够解读它时,会觉得豁然开朗,由此产生突破困的愉悦感,就如同玩填字游戏。图 3-3 是 Jeep 汽车的广告,画面非常简洁,只有一只鹿的头和上下两排文字,而两排文字是相同的内容,其中一排倒过来印了。这则广告乍一看会让人觉得不知所云,但当你把画面上下翻转之后,你会发现鹿头变成了企鹅,而文字一样可以阅读,原来这幅广告是可以从正反两面来看的。其中蕴含的意思是 Jeep 车带你到世界各地,看各种各样的动物,体验不同的人生。其哲理是通过画面形式来呈现的。

3.2.2 说理诉求

通过说理的方式,让受众了解到广告欲传递的信息。与哲理性诉求不同的是,说理性诉求追求的不是深刻,而是通俗易懂,不需要设置理解的关卡与障碍,越是清晰明了越好,要能够捕捉受众微妙的需求动机,以此说服受众。由于内涵上追求深入浅出,所以在形式上一般要讲求审美效果,形式多样化,表达要有逻辑性,理中蕴含感情。

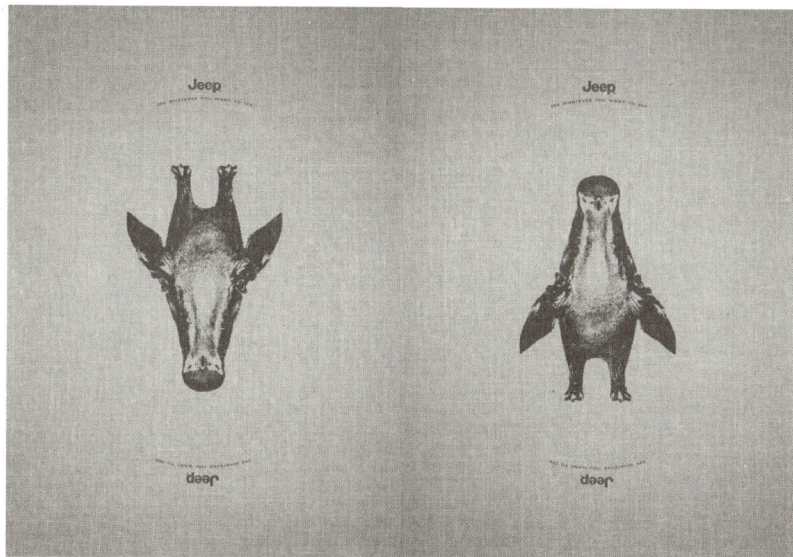

图 3 - 3 Jeep 汽车广告

    捕杀珍贵野生动物在各国都是禁止的,但仍有人不断冒此天下之大不韪非法行猎,主要是由于其中存在利益链条。图 3 - 4 中的公益广告将盗猎从捕猎者到终端消费者的链条形象地呈现出来,击溃其中的任何一个环节就能打破这个利益链,将其中的道理讲述的非常清晰直观。而从形式感上说,这种叠罗汉式的金字塔图形结构,也让受众耳目一新,印象深刻。

图 3 - 4 动物保护主题公益广告

3.2.3　告白诉求

把产品的利益点直接剖析给受众看,呼吁受众购买产品。与竞争产品的比较优势越明显越能够打动受众。诉求内容应当真实可信,通过摆出事实来说服受众,可借助专家、名人等增加诉求的可信度。但告白也并不是白水煮白菜,同样可以进行艺术加工,以一定的艺术技巧增加广告的说服力。

东西切得越薄越需要刀锋利,像西瓜这样的食材,切成薄薄的一片直至透明却还能保持它的完整,由此可见这刀的锋利程度。但广告并没有把切西瓜的场景直白地展现出来,而是用两片透明的西瓜交叠在一起,重叠出一把锋利的刀具形象,而广告语恰恰组成了刀把。整个广告画面简洁直观,却又不失艺术性。如图 3-5。

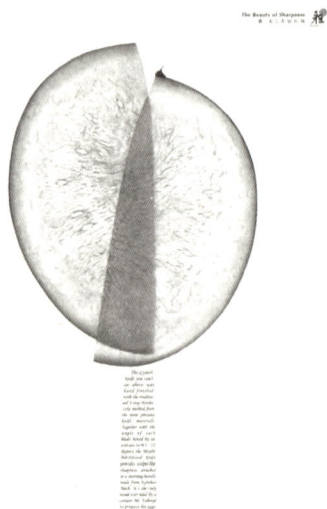

图 3-5　餐具广告

3.2.4　劝诱提示诉求

通过劝说诱导的方式让受众接受广告中宣扬的理念或售卖的产品。劝诱提示不像告白那样直白,而是通过委婉的提示让受众注意到问题的所在,并含蓄地点明解决问题的途径。

要搬家了吗? 有没有想过你最喜爱的精美瓷器有可能在搬运的途中受损?

那一条长长的裂纹会时时刻刻提醒着你,这是从伦敦搬至上海的途中损坏的。如果是这样,不如考虑用我们公司的纸箱运输吧。处在画面右下角犹抱琵琶半遮面的纸箱提示你:选择我吧。这是某品牌运输纸箱的广告(见图 3 - 6),广告没有把纸箱本身放在显著的位置,而是含蓄地放在了画面的右下角,根据格式塔心理学理论,这个位置是最不容易被人注意的位置。精美的瓷器有了一条难看的裂纹,望之让人心痛,极有效地对受众进行提示劝诱。

图 3 - 6　包装公司广告

3.2.5　对比诉求

通过比较突出自身产品的优秀,可以是与其他产品比较,也可以是与自己过去或其他型号的产品比较,甚至是与想象的对手比较。

对比讲求以己之长攻敌之短,不一定全方位超出对手,而只需要在某一方面胜出即可。与知名度高的对手相比较,可以借助对手的知名度提高自己。当然对比诉求要建立在质量过关的基础上,否则就是自取其辱。

ENVY 是意大利著名服装品牌,其服饰个性鲜明款式新潮。ENVY 的一则广告借助现代年轻人喜欢在社交媒体上"晒"的现象,讲述一人在 Twitter 上发布了一张新买的 ENVY 鞋的照片,其他人找不到同样潮流的鞋子与她对话。既然没办法在时尚潮鞋方面比得过她,只好以不相干的其他话题支应,晒出奶牛、小丑、仙人球等图片,可谓"ENVY 一出,Twitter 无鞋"。如图 3 - 7。

图 3 - 7   ENVY 服装广告

3.2.6   类比诉求

将广告售卖的产品与其他事物相比较。与对比不同的是,对比是相同产品的比较,而类比是与不同的事物比较,只不过它们的性质、特点在某方面比较接近。比较的对象应该是受众熟知的对象,避免加重受众的认知负担。

某止痛药的广告中把膝盖骨骨头磨损的疼痛类比做政治对手的痛恨。小布什和本·拉登两者之间的痛恨不可调和,彼此都让对方头痛不已。广告以政治类比健康,让人过目难忘。如图 3 - 8。

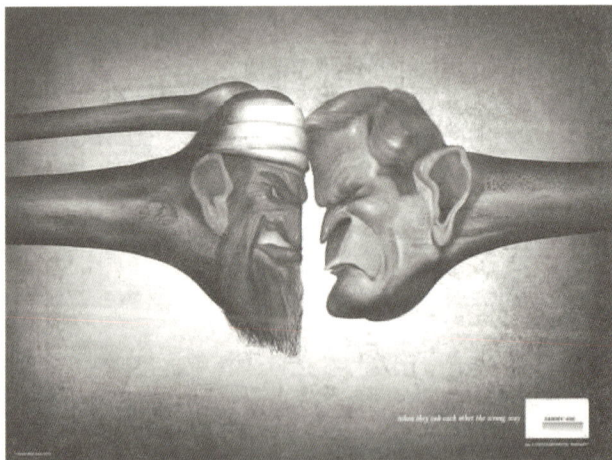

图 3 - 8   医药广告

3.3　感性诉求方式

3.3.1　幽默诉求

幽默,是广告有意识地违背传播中的某一准则(量的准则、质的准则、关系准则、方式准则),从而使广告的内容与形式出其不意,以达到广告人预设的幽默效果。

3.3.1.1　违背量的准则

这种情况下,会由于所说的话不满足或者超出交流所需的信息量,从而制造冲突,形成幽默。

《大话西游》中的唐僧可谓说话啰唆人物的典型,淘宝店铺制作了一条长达9分钟的视频广告,用唐僧风格的语言讲述店铺即将开张,同时表达出淘宝客服的耐心,哪怕面对唐僧这样的客户也不怕。此广告即是超出了交流所需的信息量,以制造挑战观众耐心的冲突,观众以极大的耐心看到最后,会对出乎意料的结局报之以一笑。如图 3 - 9。

图 3 - 9　淘宝店铺广告

3.3.1.2　违背质的准则

在广告中去说一些观众明知是虚假的话,或是没有证据的话,例如拟人、夸张、反语等。在一款沐浴露的广告中,一位偏胖身材的男士用过该沐浴露后,身体的外表突然变成一层外壳脱落了,露出里面健美的身材,还穿着骑手服装。他旁边两位一起洗澡的同伴变身成了黑熊和性感女郎,而他们所处的浴室则变成了骑车炫酷的摩托车奔驰在山间公里上。这个故事当然不会是真实的,也就是明知虚假的话,故事中几位角色的变身,由于具有巨大的反差,因而产生喜剧效果。如图 3-10。

图 3-10　沐浴露广告

3.3.1.3　违背关系准则

在广告中将事物原本的关系错位,使之出乎人们的意料之外。

科学家和实验小白鼠、伐木工和大树、仙人球和气球这些本来就是天生的"敌人",然而当球赛中一球命中的时候,所有的敌人都放弃了敌对拥抱在一起。甚至当丈夫看到衣橱里冲出来的裸身猛男,也忘情地拥抱在一起。这是可口可乐的广告中出现的场景,由于故事中角色关系的错位,从而产生幽默。

如图 3-11。

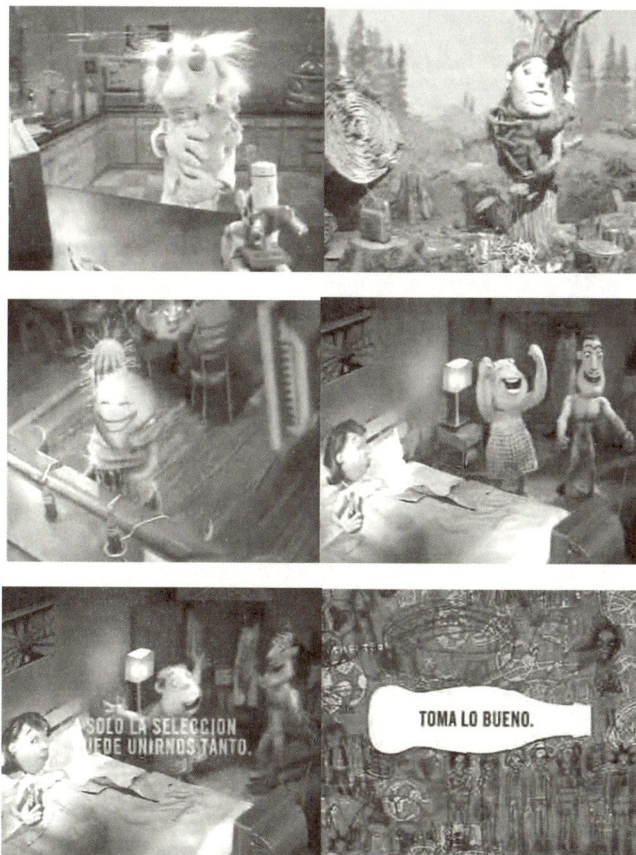

图 3-11 可口可乐广告

3.3.1.4 违背方式准则

由于说话逻辑混乱,缺乏条理性,或因做事不合情理,故意形成歧义,从而造成幽默。

一盒美味的冰淇淋,男朋友故意逗你不给你吃,你会作何反应? 不开心还是无所谓? 在某品牌冰淇淋的广告中,女主角因此一头把男朋友顶翻在地,独自享用美味。这种不合逻辑的做法也会产生幽默效果。如图 3-12。

图 3 - 12　冰淇淋广告

　　并非所有产品都适合幽默诉求,对于感情需求性产品,如甜点、软饮料,幽默诉求会比较有效。对于与生命、大额资产有关的高度理性产品却未必有效,如药品等。而对于灾难、残疾、痛苦等主题,一般不适合幽默诉求。

3.3.2　恐惧诉求

　　恐惧诉求并不是讲鬼故事,不是一味吓唬人,而是要通过广告引起受众对自身生存环境、健康状况、财产安全、社交关系等与切身利益相关情况的担忧,使受众想要避免这种恐惧,因而选择听从广告的建议,购买某种产品或进行某种行为。

　　恐惧诉求广告非常重要的一点是:广告中提及的恐惧结果必须不能是不可避免的,广告要提供能够降低危害的建议或线索,使受众能够从恐惧中解脱出来,从而关注到广告推荐的产品或服务。

　　在高露洁漱口水的广告中,男主角由于有口臭而不敢开口说话,甚至连吹生日蜡烛都需要他人代劳,这时口臭不仅仅是生理上的疾病,而是对社交产生了严重心理影响。当然,广告在最后给出了解除这一心理障碍的建议,使用该品牌的漱口水。如图 3 - 13。

图 3 - 13　漱口水广告

3.3.3　内疚诉求

　　通过广告引发受众的内疚情绪,让受众意识到自己对家人、朋友、周边的其他人带来伤害,或没有担负起应尽的责任,从而诱发受众希望做些什么来进行补偿。内疚是一种痛苦的心理体验,而对他人的补偿行为会减轻这种痛苦。

　　很多人沉迷在手机的世界中,而忘记了周围的人,就像是他们身边的人都变成隐形人,就在他们身边却看不到,看不到与他一起漫步的爱侣,看不到与他一起弹唱的朋友,看不到为她遮风挡雨的母亲。而只有当低头族放下手中的手机,身边的亲朋好友才会出现。这是泰国一则为低头族而做的广告中出现的镜头,即通过唤起低头族的内疚情感,促使他们放下手机重新关注身边的人。
如图 3-14。

es

图 3-14　低头族主题公益广告

　　内疚也并非全然负面的情绪,内疚有时可以让消费变得更有价值,研究发现内疚感能放大自我纵容所带来的快乐。耶鲁大学的研究团队经过试验研究之后,发现内疚感能让巧克力吃起来更美味,而且消费者愿意为此付出更高价格。

　　研究人员首先向两组被试学生出示随机词句,"内疚组"学生看到的多是"内疚、懊悔、过失"等词汇,而"对照组"学生看到的则是一些与内疚感无关的中性词汇。接着研究人员请两组学生品尝没有任何标签的巧克力,并让他们用1—7分来评价对这些巧克力的喜爱程度。"内疚组"给出的平均分是 5.31 分,"对照组"的平均分是 4.63 分。实验表明事关内疚感的暗示会让人们觉得巧克力更美味可口。而在对于购买巧克力糖的意愿的调查中,"内疚组"的学生平均愿意花费 1.31 美元来购买一袋 20 颗装的巧克力,而"对照组"则只愿意花费 1.11 美元,比"内疚组"低了 15%。在实验三天后的回访测试中,"内疚组"的学生仍比"对照组"表现出对巧克力更大的好感(平均分分别为 5.23 分和 4.16 分),评分更高而且好感度降低得更少。

3.3.4　情爱诉求

在广告中运用亲情、爱情等美好情感的要素,能够使受众更好地注意到广告信息,促进受众对广告信息的贮存和提取。无论在哪种文化背景下,看重家庭、重视亲情、爱情都是人类共同的特质,以情爱为诉求点的广告更容易打动受众。

在一则交通安全的公益广告中,一位男士在家庭场景中做着开车的动作,他的妻子女儿在旁边开心地观看,幸福的微笑洋溢在每一个人的脸上。整个场景以慢镜头播放,显得非常温馨。男士幸福地凝望自己的妻子和女儿,但在他转过头的瞬间,好像突然发现前方有突发状况,并做出躲避的驾驶动作。此时,他的妻子女儿冲上前去,伸出双臂像安全带一样紧紧地抱住他。随着镜头突然加快,男士面前的桌子杂物等突然向前冲撞出去,就如同撞车的一瞬间,幸而男士被那对母女挽救下来(见图 3 - 15)。这则广告混合了真实与虚拟的空间,将驾驶场景与一家人其乐融融的场景结合在一起,交通事故与亲情的冲撞显得格外残酷,所以当母女两人成功救下自己的亲人时,观众才更觉得如释重负。

3.3.5　怀旧诉求

美好的事物总是最难忘。我们今天总会说,天空没有以前蓝了,小河没有以前清澈了,食物没有以前美味了。其实,有的固然是真的发生了改变,有的却未必如此,只是人们容易对儿时的纯真、初恋的美好、家乡的气息念念不忘罢了。

图 3-15　安全驾驶主题公益广告

　　怀旧是对美好事物情感的延续,希望能将以往美好的记忆重现。南方黑芝麻糊由于那一声悠远的呼唤,成为许多人记忆中的经典味道。如图 3-16。

图 3 - 16 黑芝麻糊广告

3.3.6 性感诉求

对于性的追求是人类最原始的本能之一,因此运用性的元素吸引受众,能够有效地调动受众的敏感神经,在瞬间产生难以抗拒的视觉冲击力。在吸引注意力的同时起到传递产品信息的目的。

在一份男性杂志的平面广告中,一位身材姣好穿着性感的女性短裙下摆被裁成短布条,上面写着杂志社的电话号码。将广告中的电话号码写在了裁剪过的纸张边缘原本是国外常见的做法,便于消费者获取号码,只需要将其中的一条撕下带走即可。但这幅广告将电话号码写在了女性的短裙上,而且其中的一些布条已经被撕下,在可以撕的广告与不可撕的短裙之间,男性观众的心不由得被道德与欲望相互撕扯,停留在这布条之上,最终记住了杂志社的电话号码。如图 3 - 17。

图 3‑17   男性杂志广告

　　运用性感诉求需要恰当,当产品特性与性感具有较高关联度时,性感诉求的广告容易得到受众认可。反之,则容易有哗众取宠之嫌,反而影响受众对产品的印象。

　　研究表明,性感诉求广告品牌在短时记忆中占有优势,而在长时记忆中容易模糊。研究者请被试者同时观看含有性感画面的广告和不含有性感画面的广告,在较短时间内回忆起性感广告内容的比例较高,并能记住品牌信息。而在经过较长一段时间之后,能够清楚回忆起性感广告的比例反而比不含性感画面的广告要低,品牌信息被性感元素覆盖。

第 4 章

广告策略

优秀的创意策略和实施常常是决定产品或服务成功与否的重要因素,或者是改变一个挣扎中的品牌命运的关键。

——乔治·E.贝尔奇,迈克尔·A.贝尔奇,《广告与促销》

4.1 广告策略的概念

所谓广告策略,就是广告在讲故事的时候应当怎么说,才能把信息更准确地传递到对这种产品或服务感兴趣的人,同时花费最小的成本。它具体涉及如下几个方面:故事的主角是谁,把故事说给谁听,在什么时候说,以及通过什么渠道说,这些分别对应为广告的产品策略、市场策略、时机策略、媒介策略。

4.1.1 产品策略

产品策略与定位理论密切相关,是对于产品自身的一种界定与描述,就像是对故事主人公的身份设定。以沐浴用品为例,市场上的沐浴用品琳琅满目,但各自有自己的定位,避免与其他产品重复,力士的定位一直就是美女专用,而舒肤佳紧紧抓住除菌概念,夏士莲则一直营造自然健康的品牌形象。如图 4-1。

图 4-1　沐浴露广告

　　除了对产品实体的定位,产品策略还包括观念的定位。较为知名的案例是七喜"非可乐"定位,通过宣称自己不是可乐从而打开市场。

4.1.2　市场策略

　　广告市场策略是在市场细分的基础上,按照市场的具体情况采取的策略,它与产品的生命周期有密切的关系。在不同的产品生命周期,针对市场的尝鲜者或追随者采取告知、说服、竞争、维持、提醒等不同策略。

4.1.3　时机策略

　　广告的时机策略主要指广告发布的时序、时间点、时限以及频率。广告与产品上市或其他活动有提前、同步或延迟三种类型,以起到市场预热、促进购买或指名购买的作用。广告发布的时间长度及频率与预算及预期广告效果有关,时间越长频率越高,广告到达率也越高,但过度的广告宣传有时会让人心生反感。

4.1.4　媒介策略

　　当前的广告媒介非常多元,可根据广告目标采取不同的媒介策略,既可以采取单一媒介进行广告宣传,也可以采取组合媒介立体轰炸的方式。广告媒介策略的选择一方面决定于广告预算，另一方面决定于目标市场的媒介接触习惯。对于网络化生存状态的青少年群体，采取报纸广告的方式基本是无效的；而对于奢侈品的销售也绝不能采用印发小广告的形式。

4.2　广告策略与产品生命周期

产品生命周期是产品的市场寿命，也就是说一种新产品从开始进入市场到被市场淘汰的整个过程。通常它包括产品的开发、市场引入、成长、成熟、衰退 5 个阶段，与广告有关的是后 4 个阶段。

产品的生命周期在不同的技术水平的国家里，发生的时间和过程是不一样的，存在较大的时差。按照生命周期理论，世界上的国家被划分为：创新国（通常是最发达的国家）、一般发达国家、发展中国家。产品也是从创新国被开发出来并且首先展开销售，继而进入一般发达国家市场，等上述市场基本饱和了，再销往发展中国家。

4.2.1　市场引入期

指新开发的产品刚开始投放市场销售的阶段。此时市场上同类产品较少或没有，消费者对此类产品的功能还不了解，除少数追求新奇的顾客（尝鲜者）外，很少有人实际购买。在这个阶段产品产量小成本高，广告费用相对较大，而营业额有限，企业通常处于投入大于营收的状况。

引入期的广告目的是向市场介绍产品，让更多人了解它并提高品牌记识度，所以广告一般采取告知性策略，以开拓市场，诱导消费者尝试新产品并逐渐接受新产品。广告媒介策略通常采用全方位密集传播的方式，运用多种媒介组合使广告信息到达目标人群，从而快速占领市场。

iPad 刚进入市场的时候，大家还都不了解 iPad 为何物，有什么功能，以及如何使用。所以在其最初的广告中以全面介绍 iPad 的使用方法为主，同时注重突出 iPad 的整体形象，让潜在消费者对此产品及所属品牌产生记忆识别。如图 4-2。

图 4 - 2 iPad 平板电脑广告

4.2.2 成长期

当产品在引入期销售效果良好，消费追随者开始购买产品，于是进入了成长期。这一阶段需求量和销售额迅速上升，生产成本大幅度下降，利润迅速增长。与此同时，竞争者纷纷进入市场，使同类产品的供给量增加。

在这个阶段应当以品牌广告为主，通过建立与消费者之间的情感联系，使消费者在众多的竞争品牌中选择自己。在广告中进行差异化宣传，一般采取说服性、竞争性广告策略，诉求重点放在本产品与竞争产品相比而言的优越性上，吸引潜在消费者，进一步扩大市场占有率。

在平板电脑市场开始成长起来之后，很多厂商开始想办法进入这个领域。Acer 开发出在平板电脑上绘画的功能，将自身定位为旅行的伴侣。广告中一位青年画家携带 Acer 平板电脑来到群山峻岭中采风，Acer 为他带来一段美好的邂逅故事。广告抓住电脑作画这一点深入展开，重点突出其旅行良伴的产品定位。如图 4 - 3。

图 4 - 3　Acer 平板电脑广告

4.2.3　成熟期

成长期之后市场需求趋于饱和,竞争进一步加剧,导致产品的利润降低,企业不愿在此产品的新功能开发上投入更多的精力与财力。尝鲜消费者已经逐渐离开转而追求更新颖的产品,生产企业通过开发新的规格、花色、包装等,争取吸引消费追随者的目光。

此阶段通常采取竞争性、维持性及提醒性广告策略,重点放在提高品牌和企业美誉度方面,培养品牌忠诚消费者,并吸引消费者重复购买该产品或系列产品。

在与其他品牌的竞争当中,苹果公司开发出一系列的平板电脑产品,从 iPad 到 iPad Pro 再到 iPad mini 及 iPad Air 四代产品。在一则 iPad mini 的广告中,祖孙两代人分别用两件 iPad 家族的产品视频通话,孙女为祖父演奏吉他,其乐融融。广告既展示了 iPad 的系列产品,提醒消费者 iPad 的辉煌历史,又以情感为切入点吸引忠实消费者继续购买本系列产品。如图 4 - 4。

图 4 - 4 iPad 平板电脑广告

4.2.4 衰退期

产品进入了淘汰阶段,对消费者已经没有太多吸引力,只有消费迟缓者还在使用该产品。此时厂商已放弃对此产品的功能、外观研发,单纯以色彩的变化吸引消费者,市场上也已有其他功能更好的替代产品,该类产品的生命周期也就逐渐结束,直至完全退出市场。

此阶段一般采取提醒性广告策略。重点宣传品牌,维持品牌忠诚者对该品牌的偏爱和购买习惯,使其不轻易放弃该产品。例如随着数码相机的普及,胶卷市场面临严重衰退,柯达胶卷的广告以一位老人的形象出现,回忆曾经有过的美好岁月。如图 4 - 5。

4.3 广告策略表现形式与技巧

与广告诉求相一致,广告策略也可以从产品或消费者两方面制定,可以在广告中选择从推荐产品入手或以触动消费者心理入手,或者兼顾两方面。以下每一种策略都可以从产品或消费者两个不同的角度切入,其表现形式也会有较大差异。

图 4-5　柯达胶卷广告

4.3.1　证言策略

证言策略是以第三者向消费者讲述自己的亲身体验或观点的方式,强调某产品优越性或观念的准确性,以此取得消费者的信赖。证言策略可以请三类不同的人群进行证言,其证言的角度与效果都是不同的,分别是普通人证言、名人证言和专家证言。

4.3.1.1　普通人证言

当要解决日常生活中的问题时,适合请普通人做证言,更容易使消费者产生心理认同。而这些普通人最好是生活中某方面的行家里手,也就是这方面的权威或意见领袖,他们的态度与观点会对消费者产生影响力。如在推荐一款洗衣用品时,一位看起来生活经验丰富的社区大妈要比一位时尚女星更有发言权,因为消费者会从根本上认为社区大妈经常清洗衣物,并能够在生活中总结出经验,知道哪款洗衣用品更有效。而一位时尚女星能否自己洗衣服还是未知数,又怎么可能听从她的建议选择洗衣用品? 当然有些情况下,名人也可以承担这样的角色,如蒋雯丽因经常在影视剧中饰演贤妻良母的角色形象,她的荧幕形象与生活形象发生重合,在推荐生活用品时也会有较好的效果。

金龙客车请来三位普通人:车队老板、客车司机和旅行者为它做证言,分别从自己的角度证明金龙客车如何值得信赖。由于这三人都与客车有密切的关联,他们提出的观点可信度强。如图 4-6。

图 4-6 金龙客车广告

4.3.1.2 名人证言

当推荐的产品关涉到生活的梦想时,名人会比普通人更适合做证言。每个人都向往成功与美好的生活,而名人在人们心目中显然是已经取得了成功并过上了美好生活的人群,因此会把名人作为效仿的对象。当名人向消费者推荐一款产品,会让他离成功人士的生活更近时,会取得良好的效果。如销售化妆品时,一位知名女星推荐的效果要比同样颜值的年轻女性的话更有说服力。

斯嘉丽·约翰逊是当今美国炙手可热的女星,当她把生活中的一些故事向观众娓娓道来，就像你的朋友一样，你会感觉和她心理非常贴近。尤其是广告完全使用近景镜头——这体现了一种私密社交关系，就像两位闺中密友在谈心。那么当她向你推荐某款香水的时候，你会信赖她的推荐。如图 4-7。

图 4-7　D&G 香水广告

名人证言方面的理论主要有参照群体模型和社会影响力模型。

4.3.1.3　专家证言

图 4-8　农夫山泉广告

当推荐的产品涉及一些专门的领域,那么该领域的专家的话会非常有效。如教师对儿童教育的见解、医生对健康保健的建议都能对受众产生较大影响。当然广告法对于使用医生等形象进行医药等方面的广告宣传行为是严格禁止的。在其他一些领域,专家形象还是不断被采用的。农夫山泉通过拍摄自己公司寻找水源地的员工方强找水源的过程,将优质水源地的专业知识通过方强的口讲出来,一方面把方强塑造成该领域专家的形象,另一方面展示了农夫山泉水源地的纯净无污染,以此来增加消费者对农夫山泉水质的信赖。如图 4 - 8。

4.3.2 比较策略

通过对比自身产品与竞争品牌的差异,指明本产品的优越性与利益点,使潜在消费者选择本品牌的产品,甚至使竞争品牌的消费者放弃对原品牌的购买,转而选择自身产品。比较策略是以卖点理论与定位理论为基础,找出自身产品的独特价值所在,或者为自身产品树立一个有价值的概念,而这些价值又是竞争对手所不具备的,从而起到打击竞争对手、提升自身形象的作用。

比较策略取得成功的案例要数百事可乐的广告。在百事可乐广告中经常将可口可乐作为对比、嘲讽的对象,以此树立自己的品牌形象。可口可乐和百事可乐的售货机前面,百事可乐前的地面已经被人踩坏了,而可口可乐前面仍然是崭新的,以此凸显百事可乐比可口可乐更受人欢迎。如图 4 - 9。

图 4 - 9 百事可乐广告

比较广告在我国受到广告法的制约,在广告中不允许贬低其他经营者的商品或服务,因此在直接出现竞争品牌的品牌、名称、包装等形象都有违反广告法的风险。

4.3.3　夸张策略

夸张策略就是借助想象力,把产品的特性通过合理的夸大,以加深对这些特性的认知。夸张使产品的特征鲜明、生动,一方面强调了产品的利益点,另一方面也使受众易于记忆。夸张的方式有形态夸张、功能夸张、情境夸张与时空夸张四种类型。

4.3.3.1　形态夸张

故意把人或事物的形状、数量、表情、姿态以夸张的方式表现出来,加强了广告的视觉冲击力,从而使人更容易产生关注。

饭后清洗时最困难的就是动物的油脂粘在碗碟上洗不下来,广告把油脂比喻成一头强壮的猪带着傲娇的表情紧紧抱着盘子不放手。碗碟上粘的油脂与猪的程度不可同日而语,这是对其形态的极度夸张。如图 4 - 10。

图 4 - 10　洗洁精广告

4.3.3.2　功能夸张

将产品的功能予以夸张地展示,夸张表现时需注意夸张的合理性,或通过幽默的方式消除因过度夸张引起的逆反心理。极端的夸张会让观众很容易理解到广告中的内容只是创意表达的艺术手段,从而不再用真实的标准去衡量它。

一款具有超强防水功能的防晒霜,在其广告中将海水向周围迫开,从升起的水墙上还能看到避之不及的鲨鱼和冲浪的少女,其情景如同《圣经》中摩西分开红海一样神异。如图 4 - 11。

图 4 - 11　防晒霜广告

4.3.3.3　情境夸张

对于产品的使用或事件发生的情境加以夸张处理,强调使用产品的必要性或事态的严重性。

蚊子会咬人,这一点大家都知道。但是在一则灭蚊剂的广告中,蚊子像人一样烧烤,而食物却是人类,这一幕是令人难以想象的,这是对于蚊子咬人这一情景的夸张。如图 4 - 12。

图 4 - 12　驱蚊剂广告

4.3.3.4　时空夸张

使事件发生的时间超前、发生的效果延长、突破空间的限制都属于时空夸张。时空夸张具有荒谬性和不合理性,却往往能够起到突出主题的作用。

在驾驶的过程中打电话会导致交通事故,假如说在通话的过程中突然听到亲人受到交通伤害,无疑是非常令人痛心的。在一则驾驶安全主题的公益广告中,看到血从电话的另一端直接喷溅出来,比听到事故方式更残忍,是对于时空的夸张。如图 4-13。

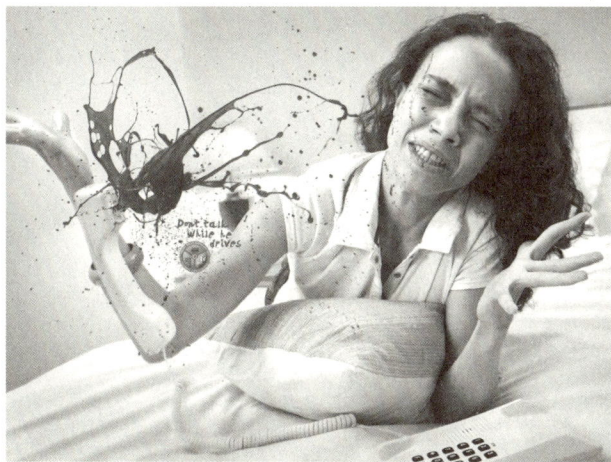

图 4-13　交通安全主题公益广告

夸张广告处理不当会被看作是虚假广告。那么如何避免成为虚假广告呢?首先,应当以质量为依托适度夸张,使之符合生活的逻辑。其次,也可以极度夸张,让受众不会从现实生活的角度去考虑和要求它。再次,如何表现夸张比夸张什么更重要。

4.3.4　荒诞策略

荒诞是一种矛盾、失序的状态,生活中原本不可能发生的事情,但是它在广告中发生并且引起观众的吃惊、诧异与激动,进而关注到广告中推荐的产品,这就是广告的荒诞策略。荒诞不同于神话或童话,虽然都是不可能在现实中发生的事情,但荒诞的重点在于其不合理性。

一个小姑娘坐在床上胆战心惊地边吃冰淇淋边看恐怖电影,一根绳子一端拴在她的手上,另一端拴在一个面目狰狞的歹徒手上,而歹徒的这只手臂正准备挥起斧子在浴室行凶。画面的荒诞之处在于歹徒怎么可能允许小姑娘与她拴在一起而置之不理,而面对这种危急的情况小姑娘又怎么可能还全心投入地看电视？答案是广告把电视内外的空间合并在了一起，小姑娘看的电视内容就是歹徒行凶画面。当歹徒挥起斧子时，小姑娘受到惊吓肯定会把冰淇淋泼在床上，连接两人的绳子其实是惊险紧张的剧情。出现在画面右下角的洗涤液点明了广告的主题，假如被冰淇淋弄脏了床单，就用该品牌的洗涤液吧。如图 4-14。

图 4-14　洗衣液广告

荒诞包括情理荒诞和视觉荒诞两种情况。图 4-14 属于情理荒诞，下面的案例则属于视觉荒诞。图 4-15(a) 中人脸上长了一张狗的嘴巴，这一画面很荒诞，但事实上只是狗在主人面前抬起头来，嘴巴遮挡在了主人脸上，形成了视错觉。图 4-15(b) 中的两件家具是平面构成中矛盾空间的画面，原本应该在绘画中才会出现的情形非常真实地出现在宜家家具的广告上。

4.3.5　赞赏策略

赞赏消费者能够让消费者产生兴趣。按照马斯洛的需求理论，每个人都有获得尊重的心理需求，赞赏能够让人在心理上得到满足，从而引发人们的好感。

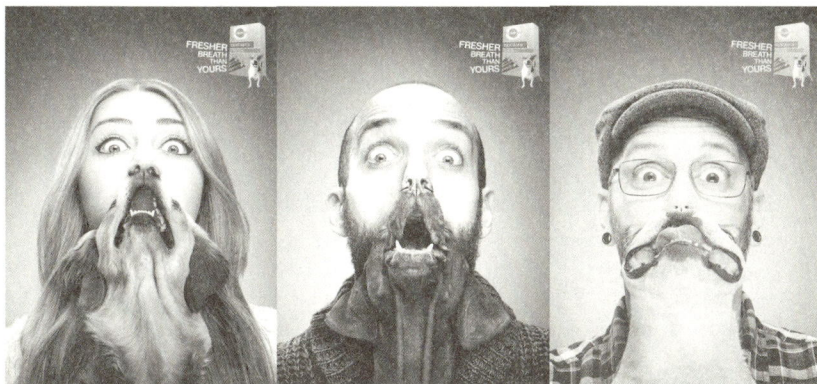

4 - 15（a） 狗粮广告

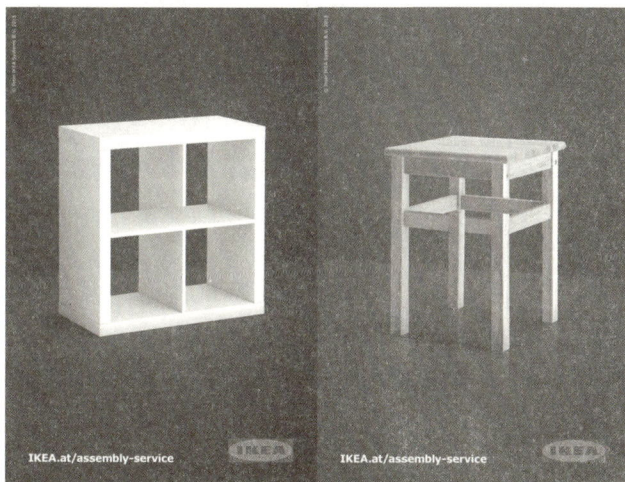

4 - 15（b） 宜家家具广告

　　广告的赞赏策略不是盲目奉承夸奖,而是通过赞赏消费者选择该产品的独具慧眼与高尚品味,或使用产品之后焕发出的迷人魅力,从侧面对产品本身实施赞赏。力士沐浴露在广告中宣称每一位女性都是美的,要唤醒女性沉睡的魅力,即通过赞赏女性之美来赞赏力士释放美丽的功效。如图 4 - 16。

图 4‑16　力士香皂广告

　　赞赏策略尤其关涉到产品使用者的体貌、能力、素养、地位等,对处于马斯洛需求理论中与尊重的需求层面,能够影响到自我评价及他人评价等因素有关的产品有效,如护肤品、汽车等。

4.3.6　威胁策略

　　与赞赏策略相反,威胁策略是从受众不使用某产品或不遵照某些观点采取行为带来的负面后果入手,威胁受众将因此失去什么。

　　威胁策略的运用与广告主题关系密切,有些主题适合采用威胁策略而有些则未必适合。常见采用威胁策略的主题包括健康、医药、金融安全、轮胎等。

　　在一则橡胶鞋的广告中,砖头、锯子和菜刀纷纷落在一只赤裸的脚旁边,广告语为:脚有很多敌人,保护你自己。假如这些威胁落在了脚上,结局必然是脚破血流,为了使得这个画面看起来不那么血腥,以免吓跑顾客,广告中的威胁物上都以诙谐的手法绘画上"敌人"——劫匪、恶龙和猫,而脚上也分别画上了老太太、城市以及鱼。这样的艺术化处理让广告看起来轻松有趣而不恐怖。毕竟商业广告的目的不是恐吓消费者,而是要引诱消费者购买自己的产品。
如图 4-17。

图 4-17 橡胶鞋广告

相比于商业广告来说,公益广告中更经常使用威胁策略。公益广告常常
是要劝说受众为公共利益改变习以为常的行为模式,或放弃某方面的便利,而
这些行为或便利将对公众带来严重的不利后果,公益广告需要把这种后果告
诉受众,让受众认识到这些行为的危害,或觉得自己的切身利益也会因此受到
损害。在安全性行为、安全驾驶、环境、食品安全、药物滥用等主题,威胁策略
常常被采用。

一个小小的苹果核或者废纸团,只是一件微不足道的垃圾,但在驾车途中抛
弃这些垃圾有可能带来灾难性的后果。广告把这些"小"垃圾的比例放大到无人
可以忽视的地步,以唤起人们对行车抛物行为的关注。如图 4-18。

图 4-18 交通安全公益广告

运用威胁策略需谨慎避免其带来的负面效果,即有可能激起受众的反感与
逆反心理。降低这种不良后果的有效方式是借助幽默的力量。幽默能够有效消
解恐惧威胁带给人心理的不适,从而避免心理防御机制的发生,同时幽默能使人

更愿意记住恐惧诉求的结果而不是想要忘记它。

延伸阅读

对于广告主题的熟悉程度不同，威胁策略起效的方式也有所差异。对于一个陌生的主题来说，一个高强度的图形威胁信息对受众的影响更大。正如图4-18所示，当高速公路汽车抛物的危害还没有被人意识到时，一幅夸张生动的、高度威胁的绘画要比一篇文章或一组数字更加有效。对于不熟悉的问题，将信息用图形/图像的方式展现出来，能够发挥相似效应，容易让受众从中找到自己周边有发生这种危险的可能性。而对于熟悉的主题来说，认为威胁的严重程度，诱发恐惧和感知效力共同决定了受众的应对意愿。

4.3.7　悬念策略

悬念广告就像是讲悬疑故事，一般会以一个离奇的或富有吸引力的情节做开端，然后一步步地展开。所以悬念广告通常不是一次性的，而是通过系列广告的形式，逐步将真相显现出来。这类广告兼顾产品与消费者两方面，从引起消费者兴趣入手，最终展现的是产品性能从而揭示谜底。

一座古旧的建筑中，一位牧师走在黑暗的通道中，光影摇曳充满神秘气氛。牧师被引领到一间屋子外面，当他打开门被惊呆了。一位年轻的女性居然悬在天花板上，一边发出惊恐的尖叫声，一边不由自主地被一种神秘的力量往返拖动。这一切看起来像是恐怖的悬疑故事，然而很快谜底揭晓，原来是楼上的老太太在使用某品牌吸尘器。吸力太大，以至于楼下的住户被吸到了天花板上，而老太太听着音乐愉快地做着清扫，浑然不知。如图4-19。

如果是通过系列广告的形式呈现的话，需要有设疑——解疑的过程，这要求广告在时机策略上有详尽考虑，合理安排重复出现频率与时限，既避免消费者错过了故事的开头直接看到谜底，又不能使消费者一直看开头而看不到结果乃至失去耐心。

图 4 - 19 吸尘器广告

　　在益达口香糖的系列广告中,先以一个甜蜜的误会开始,口香糖作为牵引的红线处于其中,第一幕故事只是交待了男女主角暗生的情愫,却没有出现两人在一起的画面,让观众不由地想了解两人会有怎样的发展。第二幕开始就是两人共骑一辆摩托车出现,显现出两人的情侣关系。接下来的故事中两人的爱情则遇到不同的考验,经历了酸甜苦辣,使观众心系其中。"酸甜苦辣"系列之后,益达的爱情故事并没有结束,仍然有新的情节不断推出。如图 4 - 20。

第一幕

第二幕

第三幕

第四幕

第五幕

图4-20　益达口香糖系列广告

4.3.8　展示策略

　　有时候各种奇思妙想的广告策略反而不如直接展示来得更有效,把产品的利益点或理念的核心剖开来直接给人看。展示的关键是主题要明确,重点要突出,转换一下视角能够获得更好的效果。

　　一组劝喻人们不要在驾驶中收发短信的公益广告,将英文字母变形处理得如同道路,道路的尽头设计了人物、树木等形象,人物形象被缩得非常小,甚至难于注意与识别,但由于处在页面的中心位置,又是处于文字的顶端,所以不会被

观者忽视。广告将驾驶中收发短信造成的对路上行人的失察非常直观地展现出
来。如图 4 - 21。

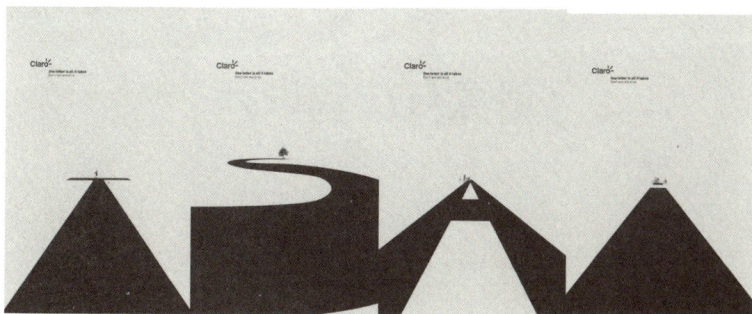

图 4 - 21　交通安全主题公益广告

第 5 章

创意与广告设计

呈现在一张漂亮的纸上的小创意没有生命力,但随手涂抹在一张小纸片上的伟大创意却是永恒的。

——李奥·贝纳

5.1 广告创意的概念

广告创意是广告人最为重视同时最引以为傲的神秘领地,著名广告人詹姆斯·韦伯·扬用他的"魔岛浮现理论"来阐释广告创意的生产过程,认为创意在头脑中的形成,就如同水手在茫茫大海上,突然发现一座魔幻的岛屿浮现出来一样,充满了偶然性和神秘色彩。那么广告创意到底是什么,应当如何进行广告创意?

广告创意顾名思义是广告创作过程中的创新性思维,它在"讲故事"这个工作中承担的任务是决定故事具体要说什么,可以说广告创意是广告诉求的具体化与形象化。广告诉求制定了广告说什么,产品的卖点是什么,但是这个卖点具体应当怎么卖,还需要广告创意将它显化出来。

以咖啡广告为例,同样是以咖啡的口味为卖点,雀巢咖啡把自己装进香水瓶里,以此比喻咖啡的诱人香气(见图 5-1),而麦斯威尔咖啡则在杯中掀起惊涛骇浪,以示其带来的非同凡响的味觉体验(见图 5-2)。这香水与海浪就是其广告的创意之所在。

图 5-1　雀巢咖啡广告　　　　　　　5-2　麦斯威尔咖啡广告

在本书第三章广告诉求中曾提到大众速腾轿车《涨价》篇的案例,其他广告诉求是"好车不贵",在这一诉求点上也衍生出了其他广告作品,而创意水平却是有高下之分。

《开发团队》篇讲述的是速腾轿车的开发团队历尽千辛万苦终于完成了此汽车的开发设计,经过严格的测试效果令人满意,整个团队都为之感到自豪并对汽车的销售充满期待。在汽车发布现场,当发现价格低得惊人以后整个团队陷入了失控状态,他们不能接受这么好的车却只卖这么低的价格。如图 5-3。

图 5-3　大众汽车广告

在《新速腾》篇中,男主角驾驶着新买来的速腾轿车,脸上洋溢着自信的微笑,收获着路人给予的羡慕的目光。但当他回到家却遭到了妻子的当头一棒,原因是妻子不认识新款的速腾轿车,而以为他买了部非常昂贵的汽车。待解释清楚这就是新款速腾后皆大欢喜。如图5-4。

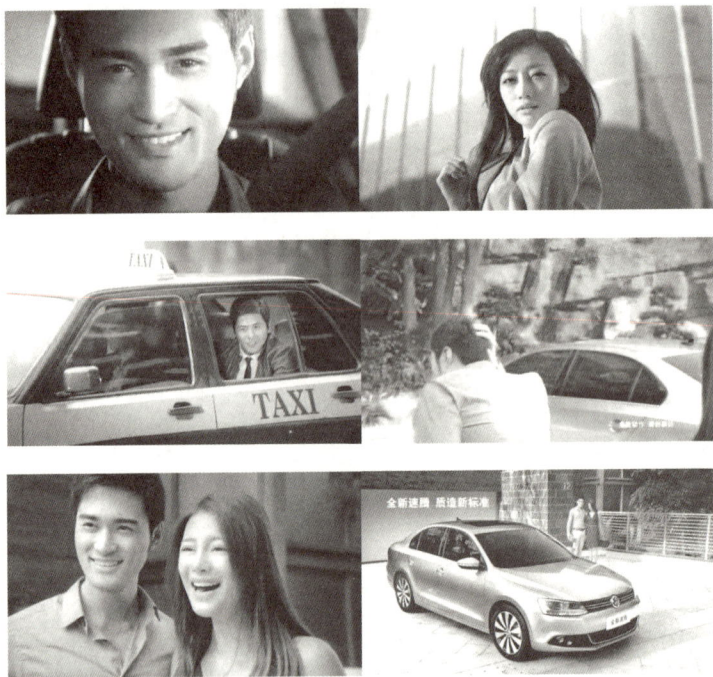

图5-4　大众汽车广告

3部广告的立足点都是好车不贵,但创意表现的不同使它们在理解上还是有不少差异的。《开发团队》篇浓墨重彩地描述了开发团队的辛劳、对产品质量的严格把关,由此对后面的价格才会有那么大的反应。此广告明确表达出这是一部质量优秀的汽车,而价格真的太便宜了;《涨价》篇通过他人的行为声明这是一部看起来很贵的车,当然其实价格不贵。这两者一个直白一个委婉,对诉求的把握都比较准确。而《新速腾》篇意图通过路人的眼光与妻子的误会,去塑造新速腾是一部便宜的"贵"车的形象,而实际上观众的理解却不是这样。首先,妻子的台词:你疯了! 不是让你去买速腾吗,怎么买这么贵的车? 这句话背后的意思是:速腾在她的心目中不是一辆好车,所以不应该看起来那么贵。其次,汽车对普通家庭来说属于昂贵的生活大件,而且既然指名购买速腾,不太可能对速腾的外貌都不了解,以至于产生误会。由此看来,好的卖点需要好的创意来支撑。

5.2 广告创意的特征

什么样的广告算是有创意的广告,而什么样的创意又算是好创意?按照 ROI 理论,优秀的广告应具备以下特征:关联性(Relevance)、原创性(Originality)、冲击力(Impact)。

5.2.1 关联性

广告创意的主题必须与产品、消费者密切相关,无论多么奇思妙想的创意,假如说它不能让人想到并记住商品,不能让目标消费群体有切身的感受,那么它就是一个糟糕的想法。

为了让目标消费者更容易理解广告中所传达的产品的特征,有时需要为产品设定一个关联物,使产品的特征能够通过关联物更形象地表现出来。

首先,这个关联物应当是常见的、为消费者所熟悉的,消费者能够轻而易举地识别它,熟知它的特性并与产品特性建立联系。

其次,关联物与产品特征之间的关联性要强,不能生拉硬扯,使消费者能够自然而然地联想到产品特性,而不需要花更多的精力去理解它。

再次,关联物对产品特征的表现应当是生动的、形象的,使消费者乐意去观看并且能够记住它。

浴缸下水孔的头发经常成为困扰家庭主妇的一大难题,非常难以清扫出去,有时就像是生长在里面了一样拉扯不动。某品牌的管道疏通剂广告,非常形象地将这些头发类比成一头难以从陷阱中脱身的棕熊,等待消费者还它自由。棕熊是西方人很熟悉的动物形象,西方人头发的色彩与棕熊的色彩具有近似之处,棕熊的力量象征与头发需要用力拉出,这些特点都让消费者很容易产生联想认知。如图 5-5。

5.2.2 原创性

广告创意必须具备创新精神以及独特的个性,对于别人已有的创意,真正的广告人是不屑于东施效颦的。当然原创性并不是指一味地追求新奇怪异,对所

图 5 - 5　管道疏通剂广告

有其他广告运用过的元素都不屑一顾,而是要在消费者熟悉的元素中找寻出不寻常的意义与组合。往往这种将寻常元素赋予新的意义与关联的创意才是真正能打动人心的"big idea"。

　　汉堡王的薯条在几家快餐品牌竞争中独树一帜,其配薯条的辣酱也比较有特色。汉堡王的一则平面广告中,在薯条一端沾上辣酱就像是一根火柴,将其称之为"火热的薯条"。消费者对火柴都非常熟悉,也能很容易明了其指代的意义,而用薯条辣酱做成的火柴还是让人耳目一新。如图 5 - 6。

图 5 - 6　汉堡王广告

5.2.3　冲击力

冲击力包括理念上的震撼与表象上的冲击两方面,广告创意要具备迅速吸引消费者注意力,并给予心灵上震撼的能力。

　　冲击力并不是要求广告都像科幻大片一样的大场面、大制作,温婉雅致的清新之作同样能够洗涤人的心灵,对产品生发好感,从而产生长效影响力。

　　巧妙的四两拨千斤也可能比狂风骤雨的大手笔带来更大的冲击力,有时情境上一点小小的错位就能够让观众震撼不已。狗叼一根骨头原本是再寻常不过的画面,但当一条狗叼了一根大得异乎寻常的骨头在闹市奔跑的时候,这一画面就显得不太寻常。尤其是这狗还不时停下来供人拍照,将骨头展示给众人看,就尤为引人注目了。这是一家自然历史博物馆的活动广告,大骨头上印着广告语,还有志愿者发送宣传单。如图 5 - 7。

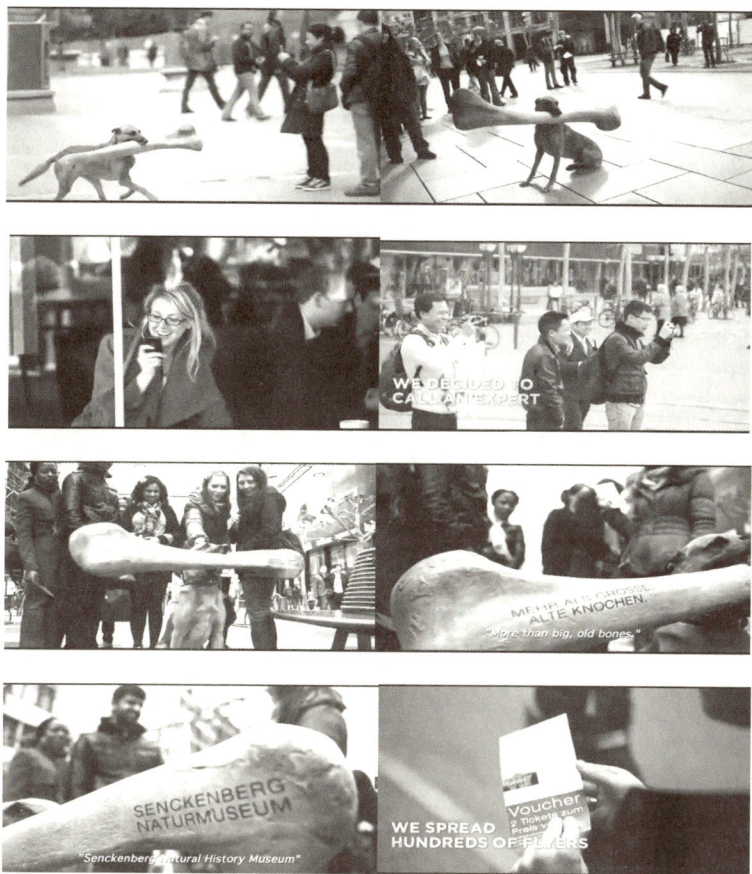

图 5 - 7　博物馆广告

5.3　创新性思维方法

广告创意不能闭门造车凭空想象,纵然是魔岛浮现也要在苦苦寻觅之后才能恍然发现,一些创新性思维方法有助于创意的产生,使广告更靠近科学而不是艺术(注:威廉·伯恩巴克与乔治·路易斯关于广告是科学还是艺术的争论)。

5.3.1　思维导图法

思维导图法从核心词汇出发,把由此想到的词汇、语句、图形、色彩等记录下来,建立核心词汇与周边事物的第一层次关系链接。第一层次关系圈的基础上,同样做发散性思维,将关系圈拓展到下一层级。这种思维方法突破了固定性思维的限制,充分运用左右脑的机能,是发散性思维的有效视觉思维工具。如图5-8。

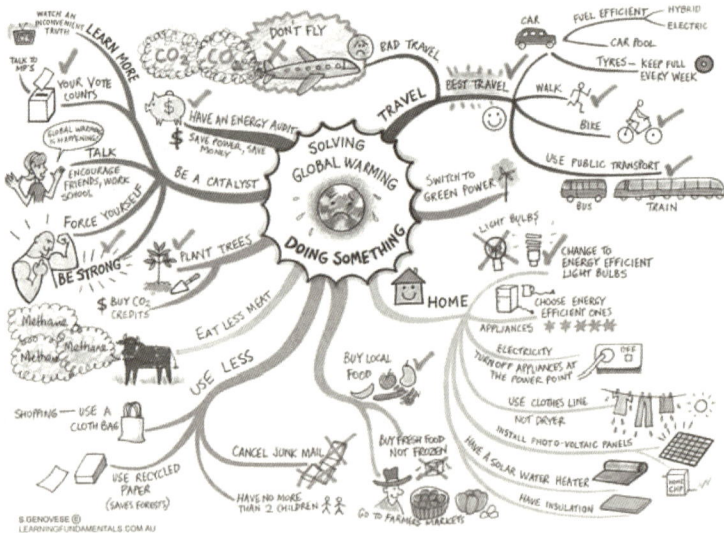

图 5-8　思维导图

思维导图法的要诀是,核心词汇一定要写在画面的中心,将思路向四面八方拓展开去,而不能像平时写作一样,从页面的一角开始。这样才能借助视觉思维的方式将思路打开,否则仍旧是线性思维方式,于创新性思维帮助不大。

美国广告专家 Alber Szent Gyorgri 认为:"创意就是你发现了人们习以为

常的事物的新含义"。思维导图法使处于核心的词汇与周边第 2、第 3 圈甚至更远端的事物建立联系，从而产生熟悉事物的新组合。

深度阅读

　　是不是创意的思路链条越长，广告就越有效？其实也不然。

　　笔者收集了法国戛纳广告节和英国 D&AD 广告节 2010—2014 五年间的获奖平面公益广告 252 幅，以及中国广告节获奖平面公益广告 435 幅。研究中采用逆向思维导图法，根据广告作品中的元素，逆向推导思维导图，以视觉元素与创意原点之间的思维链条长度确定相关性的强弱。结果发现国际广告节作品采用的视觉元素与创意原点（核心词汇）之间多有密切并且直接的关联，思维链条短且结构单纯，通过画面中的主要视觉元素即可迅速联想到创意原点［见图 5-9(a)］。而中国广告节中的作品，大多广告创意元素与核心词汇链条较长而且关系曲折，令人难以产生联系，甚至难以理解［见图 5-9(b)］。

　　通过进一步焦点小组访谈研究对比了以下两方面：

　　(1) 相同主题公益广告的视觉元素、创意路径与受众理解力。研究发现：视觉元素与创意原点的距离越近、路径越直接，越容易被受众理解。

　　(2) 相同主题公益广告的表现形式与视觉传播力。研究发现：相同距离与路径的公益广告［见图 5-9(a) 与 5-9(b)］，其视觉传播效果仍有较大差别，其原因在于角色造型、画面情境、构图、色彩、矢量等带来的画面视觉张力的不同。视觉表现方式能够对传播力以及受众理解力产生较大影响。

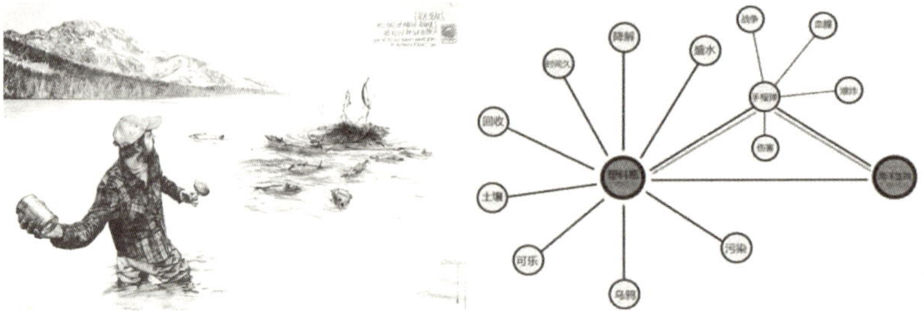

图 5 - 9(a)

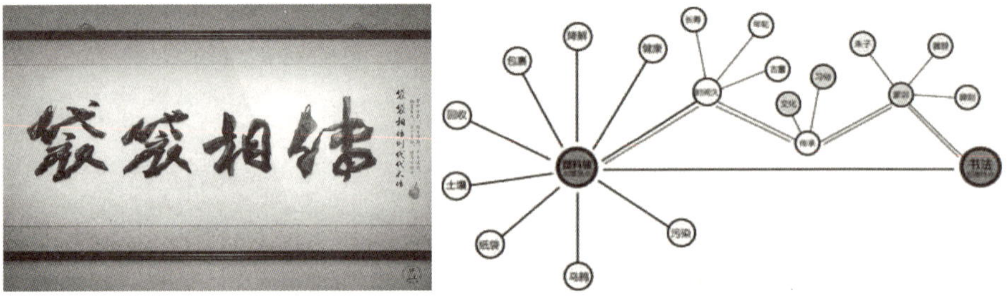

图 5 - 9(b)

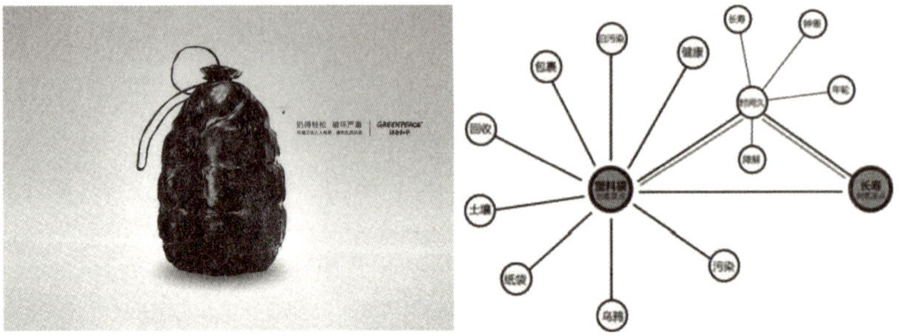

图 5 - 9(c)

5.3.2　头脑风暴法

　　头脑风暴法由 A.F.奥斯本于 1901 年提出。头脑风暴法原本是一种群体决策的方法,后来成为广为人知的广告创意方法。头脑风暴一个小组一般 10 人左右,设一名主持人,主持人应当擅于引导议题,避免讨论陷入僵局,而对所有小组成员提出的设想不可作评论。同时设记录员 1~2 人,要将小组成员的每一个设想都完整地记录下来，也可通过录音笔记录，会后整理发言。

5.3.3　"635"法

"635"法由德国人鲁尔巳赫提出，针对德国人习惯沉思而不善于争相发言的特点，是头脑风暴法的补充形式。

"635"法由 6 个人组成一个小组，每人手中一张分为 18 格的纸，在一次性写下 3 个广告创意或思路之后，将之传给旁边的组员。在拿到其他组员的方案之后，需以此为基础上再提出 3 个方案或补充，依次向下传。这样每位组员的建议都经过其他 5 位组员补充发展，最终小组将获得 108 个设想。

5.3.4　逆向思维法

逆向思维法是一种突破常规思维，而从事物的反面去思考问题的方法。思考时可以从 3 个方向展开：①转换思考角度思考；②从已知事物的相反方向进行思考；③主动利用产品已知的缺点，化不利为有利。

iPad 刚进入市场的时候，人们对于 iPad 是什么，有什么样的功能还不了解。苹果公司推出一则广告，宣称 iPad 比报纸好。广告中男主角手持 iPad 在阅读新闻，一只飞来飞去的苍蝇使他不堪其扰，就像经常有人会拿起手中的报纸打苍蝇那样，他也做了相同的事，只不过用的是手中的 iPad。结果 iPad 碎了而苍蝇仍然在飞，iPad 比报纸好——除了用来打苍蝇。该广告就是利用产品的缺点，反其道而行之。如图 5 - 10。

5.4　广告创意的原则

广告创意并非无边无际的天马行空的想象，而应当遵循一定的原则。袁由敏曾将其归纳为四个"Yi"原则。

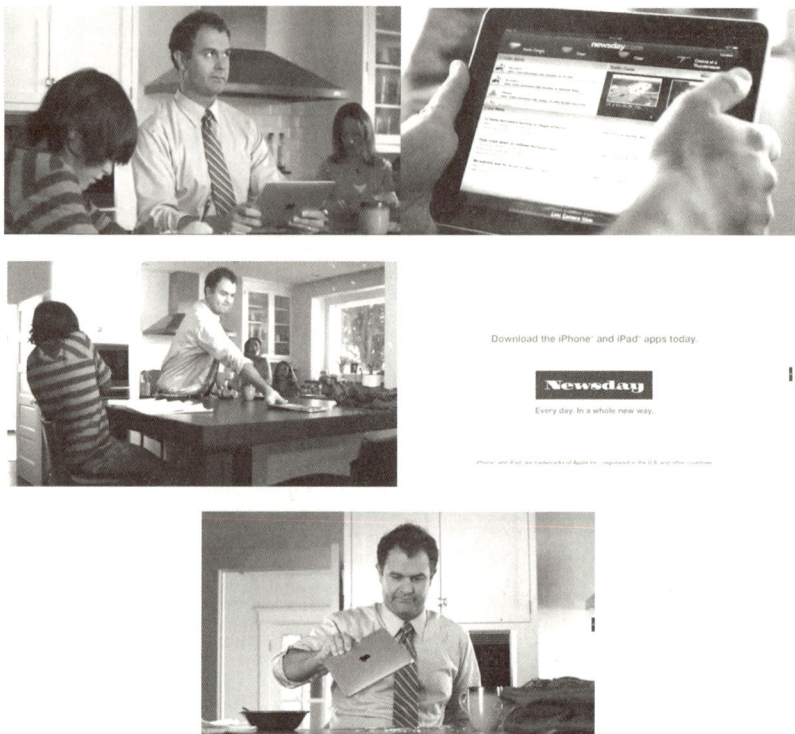

图 5 - 10   iPad 平板电脑广告

5.4.1　求"意"原则

广告创意的目的是传递信息,因此意思传递明确是创意的首要原则。百威英博(ABInbev)是全球领先的啤酒企业,在其广告中流淌的啤酒沫巧妙地形成了一个圣诞帽的造型,加上一句简单的广告语"圣诞快乐",以此提醒消费者圣诞节来临,用啤酒传递心中的快乐。其中啤酒与圣诞的信息集中到啤酒沫的造型上,简洁同时意义明确。如图 5 - 11。

图 5‑11　啤酒广告

5.4.2　求"易"原则

广告创意应当信息明确,易于理解。在这个信息爆炸时代,很少有人愿意停下来观看广告,因此广告必须把信息传递得更加生动形象,让人容易理解其中的意旨。汽车制造商常说自己的车辆省油,百公里油耗 7 升甚至更低。但这是一个抽象的概念,消费者对这个油耗并没有直观的认识,而当大众汽车用一个打火机告诉消费者,这其中的汽油足够一部汽车跑 2 公里,一盏煤油灯中的汽油可以跑 32 公里时,消费者会对其油耗有清晰的认识,并为这款车的低油耗震惊不已。如图 5‑12。

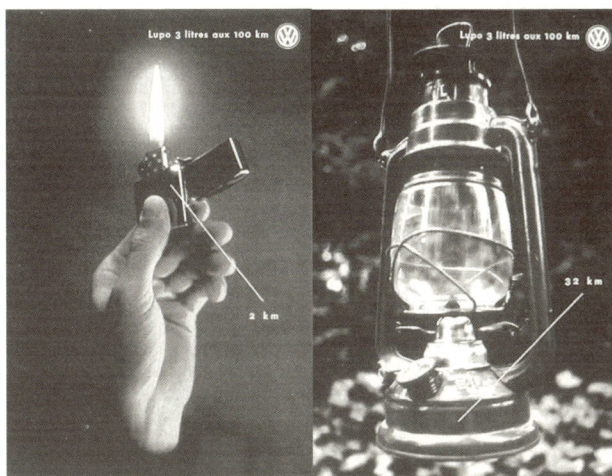

图 5‑12　大众汽车广告

5.4.3 求"异"原则

我们生活在一个传播过度的社会,每年的广告消费大约为人均 126 元(2007 年数据,美国为 921.4 美元),想在这激烈的传播竞争者拼杀出一条血路,让消费者对自己产生注意,则需要做到与众不同。下面这则广告让人乍一看觉得非常怪异,一个人怎么可能呈现出这个样子,能够同时看到他的正面和左右两侧? 这则奇异的视觉效果会吸引人仔细观看下去,接着观众的视线会被画中人的视线所引导,看向画面正上方的小黑点,以及黑点两旁的广告语。原来这是一个 360 度监控无死角的摄像头的广告,广告把摄像头的 360 度监控转换成了被监控者的 360 度呈现,从而造成了这一奇异的视觉效果。如图 5 - 13。

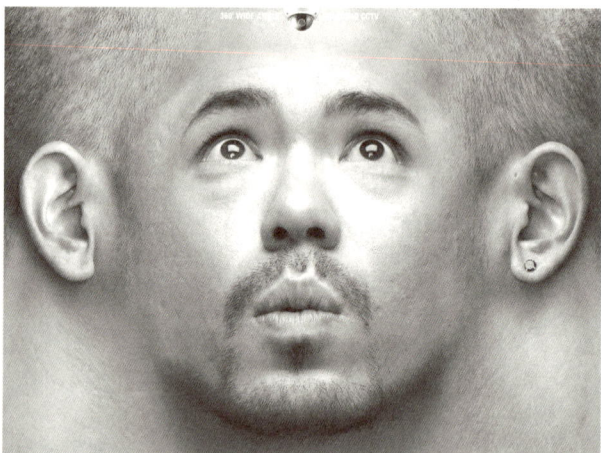

图 5 - 13　监控摄像头广告

5.4.4 求"艺"原则

广告创意应当具有艺术性,这样才能吸引受众观看。2015 年戛纳广告节的全场大奖是布宜诺斯艾利斯公共自行车系统的 4 幅平面广告,主题是"永不停止的骑行",所采用的形象是 4 组永远不会停止追逐的对象:松鼠与榛子、狗和自己的尾巴、飞蛾与灯泡、婴儿和乳房。广告以插画的形式完成,风格轻松诙谐,艺术感强,让人看过之后会心一笑之余接受广告所传播的理念。如图 5 - 14。

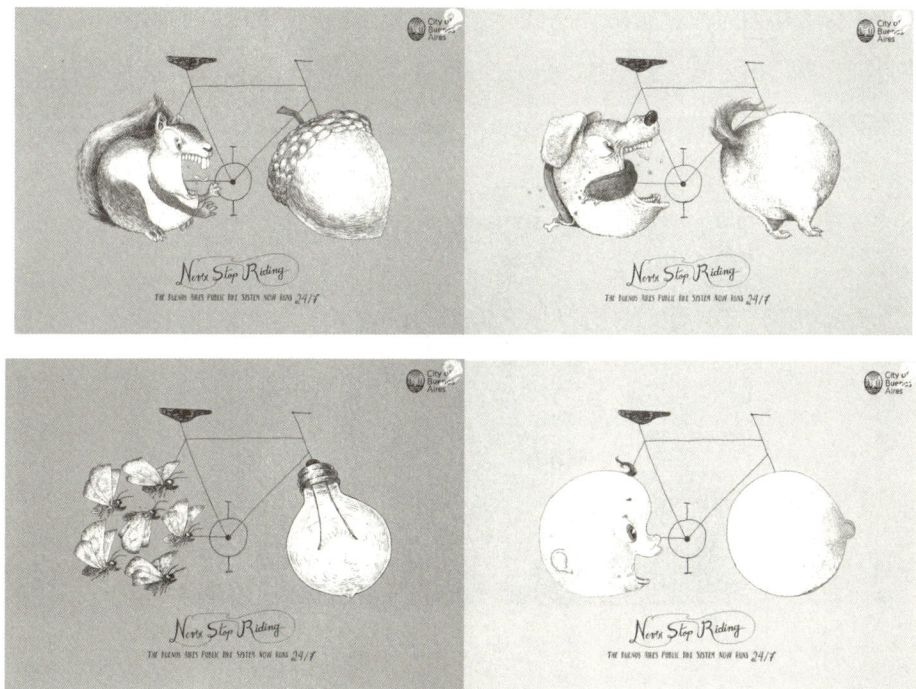

图 5‑14 公共自行车系统公益广告

5.5 广告创意的 X 武器

5.5.1 霹雳刀——大刀阔斧，揭示痛苦

人们在生活中会遇到各种不同的问题，会遭受各种痛苦，而产品应当具有解除人们的这些痛苦的能力，才能够唤起人们的购买欲望。那么广告应当敏锐地发现这些问题，并且把它揭示出来，使潜在消费者深深地感受到没有某种产品的不便及痛苦，从而希望拥有这些产品。

广告采用此创意武器，首要应当注意创意的可信性，要让消费者认同广告中描述的大痛苦是由生活中的小问题引发的，而不是广告人的无病呻吟。其次，戏剧性的描述能够让创意更容易被消费者所接受，过于真实性地揭示痛苦会引起消费者的不愉快，在心理上产生排斥感。最后，广告要以产品质量为依托，是消费者相信产品能够解除这种痛苦。

为什么铁面人总是带着铁头盔,为什么忍者总是不愿以真面目示人? 某品牌的口香糖给出了真实的答案——有口臭,口臭会带来社交障碍,这种痛苦是有这种问题的人都深有体会的。广告戏剧化地把这种痛苦揭示给世人,让人看后会心一笑。如图 5 - 15。

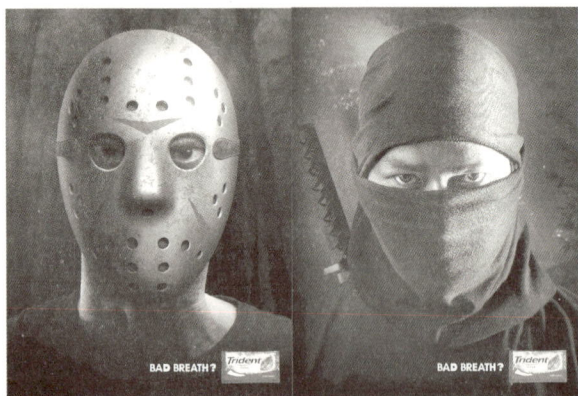

图 5 - 15　口香糖广告

5.5.2　流星剑——星光璀璨,光环效应

把产品或使用产品的人塑造成明星,用明星的光环吸引消费者追随。炮制明星离不开一些必要元素:强大气场、自信笑容、造型独特、众星捧月。

某品牌男士沐浴用品,将使用者塑造成男神一般的形象,可以上天入地,创造出各种奇迹,可谓人见人爱花见花开。正如广告语所说的:闻起来像是男人中的男人。如图 5 - 16。

5.5.3　双节棍——旁敲侧击,避敌锋芒

假如产品在同类产品的比较中并不占优势,就需要跳出原有的衡量框架,将自己划入一个自己占有优势的类别,甚或是创造一个新的类别或概念出来,避免与现有产品的激烈竞争。

图 5‑16　某品牌男士沐浴用品广告

　　运用此武器需要注意消费者是否认可这样的分类，以及新的市场是否足够大，能不能为产品提供足够的生存空间。

　　SUV 市场是一个竞争激烈的市场，本田歌诗图汽车为了避免在该领域竞争，利用其相对低矮的车身与溜背造型，将自身定义为跨界车。目前汽车市场定位为跨界车的只有宝马 X6 与歌诗图两款车型。而大众甲壳虫轿车甚至创造了一个新的概念，自我定位为具有智慧的高科技生命。如图 5‑17。

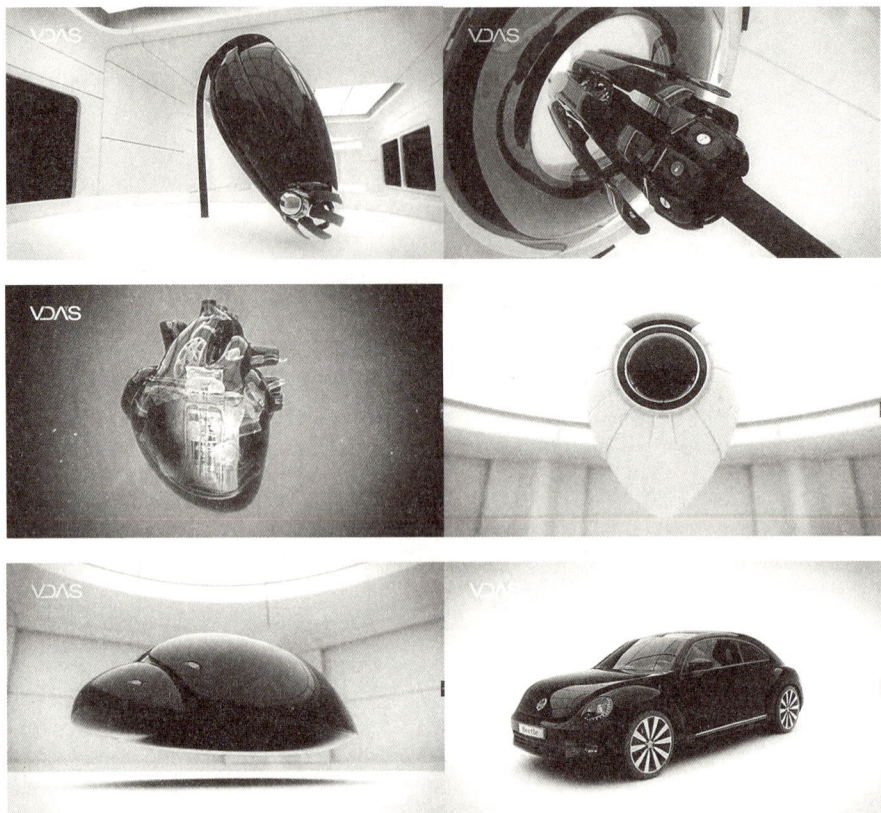

图 5-17 大众汽车广告

5.5.4 霸王枪——标新立异,以长搏短

在产品竞争范围内树立一个新的标靶,以一个从未有人提出过的角度去击败敌人,自然是一击必中,无人争锋。采用此武器需注意做到,产品必须具有明显优于竞争对手的,可令人信服的优势。

一款铃木轿车车身矮小,这原本是一个劣势,但当它拥有了全景天窗之后,就把这种劣势转化成了优势,而且是别人难以比较的优势——因为矮小,所以可以从长颈鹿身下穿行而过,能从意想不到的角度欣赏长颈鹿,由此带来的是完全不同寻常的人生体验。如图 5-18。

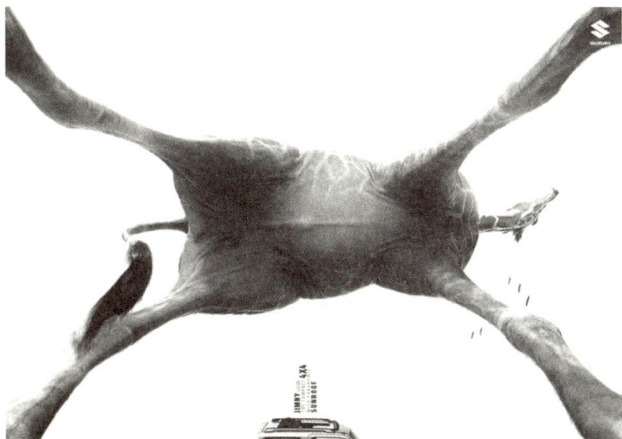

图 5 - 18　铃木汽车广告

5.5.5　痒痒挠——心痒难搔，直指内心

在每个人的内心当中，都有最柔嫩的地方，这些地方只要轻轻触动就会让消费者浑身战栗。找出消费者心中的痒处，用痒痒挠一遍遍地抓它，你就能俘获消费者。

运用此武器要有真情实感，避免矫揉造作以免引起消费者反感。

母爱可谓是世界上最伟大的情感。一位普通的中国台湾的母亲，不会任何一门外语，却在 3 天内飞行两万多公里，3 次转机，其间甚至以为随身携带的中药材而被怀疑贩运毒品。她经历这么多磨难，只是为了给刚刚在异国他乡诞下孩子的女儿煲一锅汤。这是台湾大众银行的系列广告之一，主题为"不平凡的平凡大众"。如图 5 - 19。

5.5.6　血滴子——百无禁忌，突破常规

血滴子，"传说为雍正皇帝的特务组织黏杆处所独有的一种暗器，像鸟笼，专门远距离取敌人首级。"从工业设计的角度来讲，血滴子是一种非常失败的产品。首先，作为暗器血滴子体型过大，造型过于夸张，根本无法隐藏，让对手提前加以防备甚至提前逃避。其次，准确实施的难度太高，一定要远距离套取对手的头颅，目标小而且易于闪避。再次，工作原理复杂，多重力量综合使用，造成效果延时，有可能被对手逃脱。但是从广告传播的角度来说，此产品非常成功。以如此

图 5 - 19   大众银行广告

拙劣的设计闻声于江湖,令敌人望形丧胆,虽然成功案例不多,但在短暂的服役期间充满了传奇故事。

在广告创意中使用此武器,应当对人们习以为常的商品勇敢突破常规,迥异于人们的日常生活,能够带来感官上的刺激与心理上的愉悦,从而在消费者心目中产生镌永的记忆。服装本是生活中寻常不过的物品,但贝纳通的广告中偏偏以敏感的政治问题为话题,以不同国家、种族、意识形态的领导人亲吻在一起,以此引起人们的强烈关注。如图 5 - 20。

5.5.7   断肠草——促使购买,消除内疚

当一个人觉得自己没有达到社会、家庭、朋友对自己的期望时,会产生内疚感。在广告中揭示这种内疚,并且诱使观众通过购买宣传的产品来消除内疚。

"隐藏的内疚"是一家花店发布的广告,广告有些含蓄,但对于心存内疚的人来说不难看懂。一捧艳丽的鲜花当中隐藏着"女秘书"等字眼,意为在送给妻子的鲜花中隐藏着因女秘书带来的内疚。所以如果观者对自己的爱人有所不忠,那就送鲜花给她(他)吧,以此来消除内疚。如图 5 - 21。

图 5-20 贝纳通服装广告

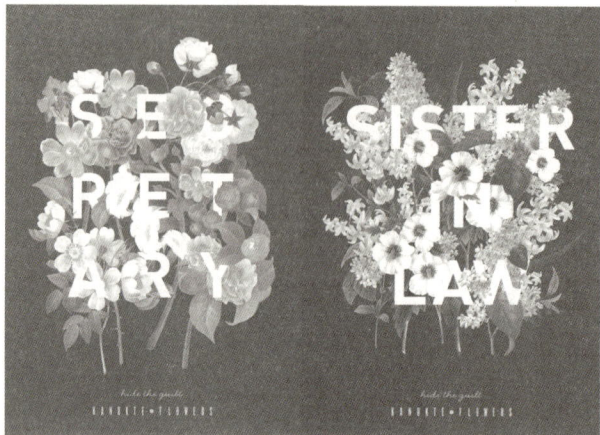

图 5-21   花店广告

5.5.8   洒金扇——标榜身份,鹤立鸡群

根据马斯洛的需求理论,人都有情感的需求和实现个人价值的需求。广告产品如果能够显示出消费者的高贵身份地位、不凡的审美趣味等消费者所期望拥有的身份标签,就能使消费者趋之若鹜。使用此武器需要把握:扇子越是金碧辉煌光芒四射,越能让使用者显得身份不凡。扇面上假如有名人题字,则武力值+10。

企鹅图书公司推出语音图书产品,使消费者可以听书中的内容。在其广告中一位女性正在编织毛线,陈旧的地毯、简朴的衣着与老式的沙发告诉观众——这是一位非常普通的家庭主妇。然而她正在编织出来的纹样却是华美的诗篇,广告中没有出现任何广告语,只有右下角的企鹅读书标志非常低调地告诉观众,是企鹅读书赋予她平淡的日常生活以高雅的精神享受(如图 5-22)。在其另一系列广告中,莎士比亚、爱因斯坦等名人将身体弯成耳机的造型(如图 5-22),在读者耳边为读者讲述他们的著作,使消费者油然而生自豪感,得到大师们亲身耳语是何等荣耀的体验,广告在精神需求层面赋予消费者更高层次的满足。

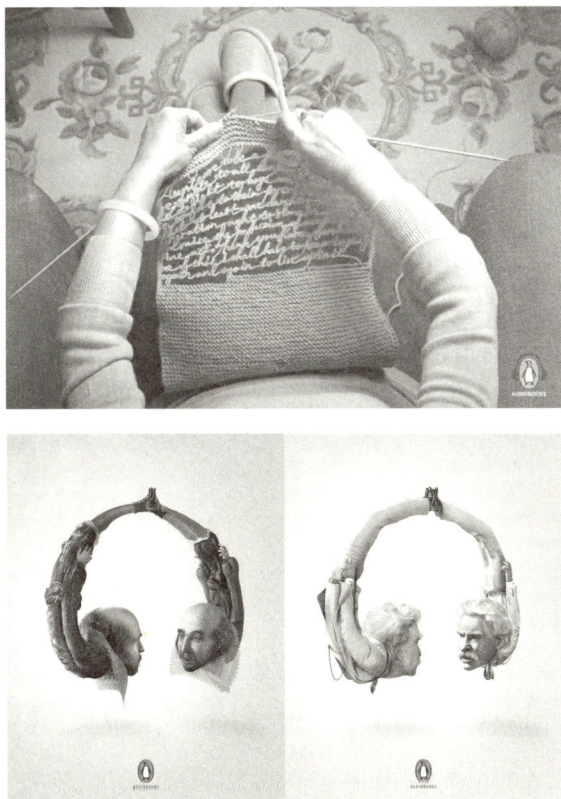

图 5 - 22　企鹅图书广告

5.5.9　"鸽子蛋"——彰显价值，真情表白

在激烈的品牌竞争中，如何让消费者认为自己的产品能够带给他更大的价值，无论是实际使用价值还是品牌附加价值。广告一定要坚定不移的彰显价值，以夸张的形式将产品的利益点表达出来，让消费者相信她的选择是无比正确的，决不会因此而后悔。"鸽子蛋"的大小越夸张，其杀伤力也就越大。

大容量冰箱的容积到底能有多大？Arcelik 告诉你，可以让一大堆西瓜看起来就像一串葡萄，让一堆西红柿看上去像 2 颗红莓。这当然是一种夸张的手法，但是使用过之后你会觉得广告并没有骗你，因为它的容量真的很大。戏剧化场景的另一个好处是，一看就是夸张的手法，不能用真实的标准来衡量，所以也不会有上当的感觉。如图 5 - 23。

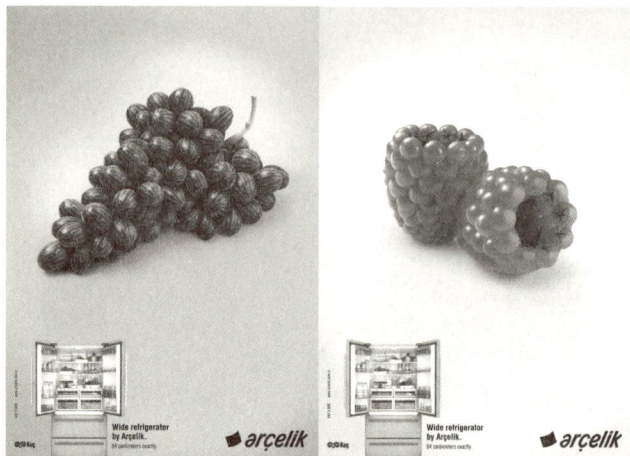

图 5‑23　冰箱广告

5.5.10　回旋镖——逆向思维，釜底抽薪

从事物的反面去思考问题，能够克服思维定式，常常能够带给观众不一样的感觉。使用此武器应当注意解决问题的角度要新、奇、异，找到观众从未想到过的视角，才能出其不意攻其不备。

一家号称世界上第一家服务于女性的金融机构，其广告不去诉求针对女性的服务有多么周到贴心，而是反其道而行之，在广告中斥责男人有多蠢。男人们＋钱＋愚蠢的想法＝各种蠢事。如图 5‑24。

图 5‑24　女性银行广告

5.5.11　判官笔——超越现实，妙笔生花

超现实不是空中楼阁，胡乱臆想，而应当是建立在现实的现象或需求之上，对其进行提炼加工、夸张渲染的结果。使用此武器应当注意如下要点：首先，九

真一假,艺术源于生活而高于生活。虚构的故事情节,要以极具真实感的画面为支撑。显而易见的视觉漏洞会降低故事的吸引人程度与可信度。其次,真实诉求,夸张表达。广告的表达手段可以是夸张的、荒诞不经的,但对商品利益点的诉求表达应当是真实的,经得起推敲的。

　　熙熙攘攘的街道上,一双运动鞋在奔跑。令人感到惊讶的是只能看到跑步的鞋,却看不到穿鞋的人。这双鞋从汽车下面跑过去,从游泳圈中穿过去,使观众相信不是穿鞋的人隐形了,而确实是一双鞋在奔跑。其中一只鞋跌倒使得真相大白,原来是 2 只蜗牛在运动。这则阿迪达斯鞋的广告做得非常逼真,几乎所有的细节都在印证观众看到的画面的真实性,而画面越是逼真,这个场景就越匪夷所思,所以观众会被引诱着想看到谜底揭晓,从而使广告理念深入人心——运动让你变得更强。如图 5-25。

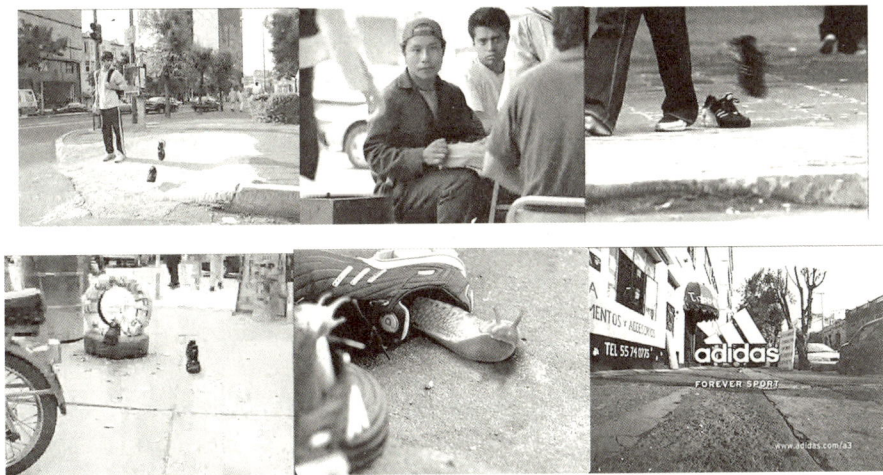

图 5-25　阿迪达斯运动鞋广告

第6章

平面广告的视觉语言

他们认为一个成功的广告需要靠「均衡」、「动感」和「设计」来达成，但是他们可以证明吗？我的研究却指出，这些无形的艺术美学并不会增加销售。

——大卫·奥格威

大卫·奥格威这段话不错，脱离了定位、诉求、创意，而一味追求形式感的广告当然不能增加销售。但是，在准确定位、诉求明确、创意独特的基础上，一个充满了视觉冲击力与形式美感的广告显然会比一个看起来平平淡淡的广告更有吸引力，其传播效果也会更好。就好比同样的一个故事，一个人讲得绘声绘色，而另一个人语调平淡、语言乏味，其感染力自然是不同的，毕竟奥格威自己也说要"设法避免使用一般广告版面设计"。广告设计的视觉语言的作用就是决定了故事讲得好不好。

6.1 构成原理

格式塔心理学派对视觉元素的艺术表现力进行了大量的研究，并提出"视知觉力"的概念，意为人们所看到的图形图像并不是简简单单地出现在人的视网膜上，反映进人的大脑，这些构成图形图像的元素（点、线、面等）还具有动力特征，能够影响人们对它们的感知。其代表人物鲁道夫·阿恩海姆指出：形式结构中存在着一种客观的张力，这种张力取决于艺术家对其作品所赋予的结构特征。画面形式通过视觉刺激观者的大脑皮层，继而通过心理的加工，使观者感受到作品样式的力的运动。

　　点线面是平面广告最基本的构成元素，任何平面广告作品必然由点线面中的一种或几种元素构成。点线面三者相辅相成，又可以相互转化，共同构成和谐的视觉旋律。

6.1.1　点

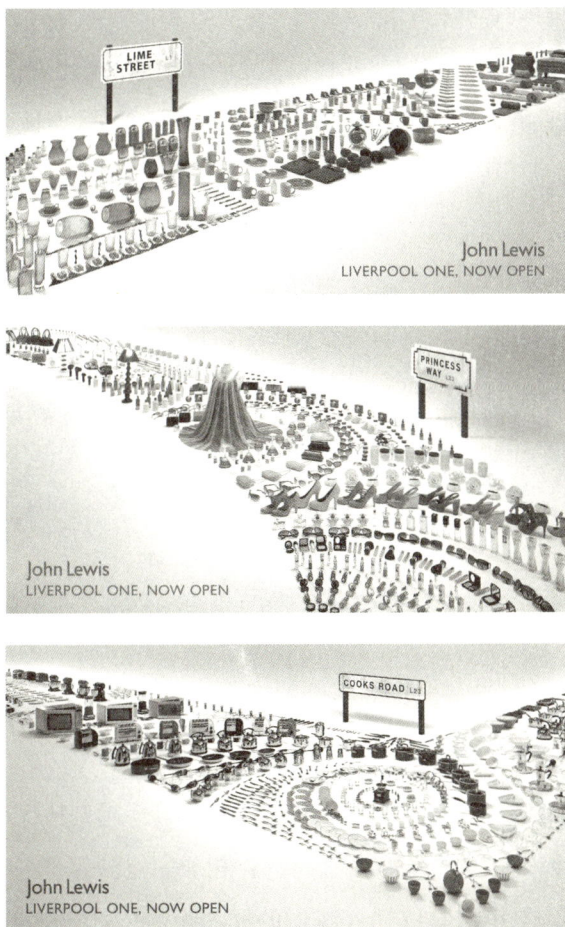

图 6-1　百货商店广告

　　平面广告中的点其实是较小的面，只不过由于在画面中所占比例小而被视为点。点是有大小与形状的,可以是规则的几何形的方点、圆点,可以是不规则的无机形的点,像墨滴、云朵,也可以是有机形的点,如人物、花草的形状。一个玻璃杯、一双鞋子、一件厨房用品,都可以作为画面上点的存在。在 John Lewis 商店开张的广告中,各式各样的商品规整密集地排列,成为画面上一个又一个的点。点的聚集会形成面,正如这一系列广告所呈现的,观者此时注意的不是某一个商品如何精美,而是整个商店的品种齐全,花色繁多。如图 6-1。

由于点是画面上面积较小的元素,因此少量的点容易被忽略。然而,当点的位置处于画面的中央附近,同时点元素与周围其他元素有着明显的区分,点就会成为画面的视觉中心。在某品牌的婴儿食品广告中,一小片绿色农庄点缀在纯白色的山谷中成为视觉瞩目的焦点。意为纯有机的婴儿食品,即使转化成了粪便留在尿布上,也是一派田园风光。如图 6-2。

图 6-2 尿不湿广告

6.1.2 线

和点一样,平面广告中的线也包括有机、无机等多种不同的形态。多数的线其实是狭长的面,类似于植物的枝蔓、细长的叶子等。越是狭长的事物越能使人产生线的感觉,像桅杆、高空俯视的公路等。相似的点沿着一定的方向排列会形成线,就像是图 6-2 中餐具排列成弧形的线。面的转折与交接也会形成线,如两个墙面的衔接处就会形成线。

线性具有造型的先天优势,能够在较大程度上改变自身的形状,并在造型的过程中比较保持自身特征。图 6-3 将签名的笔迹与心电图的波动结合在一起,浑然一体。

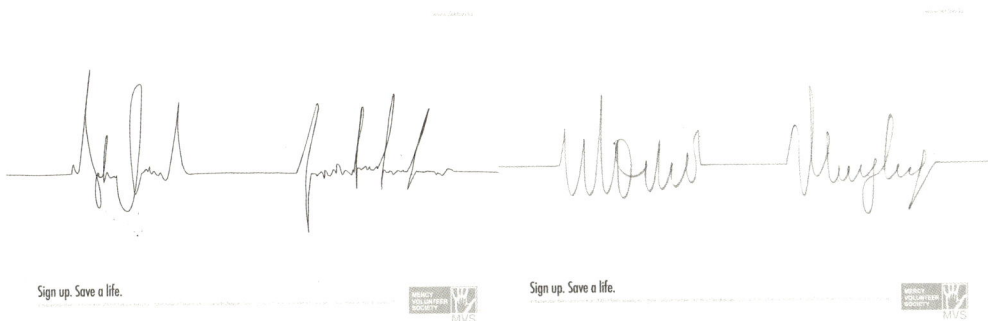

Sign up. Save a life.　　　　Sign up. Save a life.

图 6-3　签字笔广告

　　线是画面上方向性最强的元素,运用线形可以给画面营造出强烈的动感。
同时由于线在画面中占的面积比例不高,因此适于采用缤纷的色彩,既能引人注
目,又便于画面的协调统一。如图 6-4。

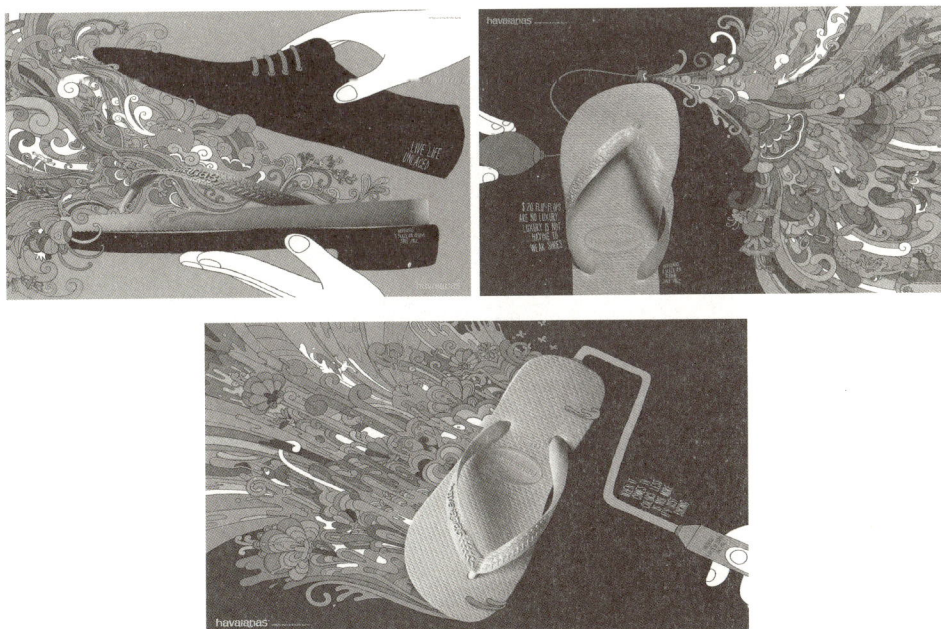

图 6-4　沙滩鞋广告

6.1.3　面

平面广告中的面一般是闭合的形象或空间。如上图中的彩色凉鞋,滚筒和凉鞋在黑色背景上分割形成的图形都属于面。

面通常是画面上占据主体的部分,相对于点和线它显得更加稳定,同时面的稳定感使得它容易退到后面变成背景。图6-5中的人群以点和线的形式出现,人群中的空地成为楔形的面,汹涌的人潮与空地的宁静形成鲜明对比。由于人群是以黑白色彩勾画,所以空地鲜艳的色彩将它凸显出来,将场地中心万众瞩目的主要人物与商品连接在一起。

图6-5　润喉糖广告

6.2　形象

6.2.1　正常具象形象

对于广告来说,形象是吸引人眼球的重要法宝。一些形象具有先天吸引视线的优势,因此在广告中得以广泛应用。大卫·奥格威提出的 3B 原则:婴儿——baby、美女——beauty、野兽——beast,以这些形象为表现手段的广告符合人的天性,容易赢得观众的注意。一些广告主题本身与 3B 没有关联,但为了达到更好的广告效果而采取 3B 形象。如图 6-6 中酸奶的广告一样,儿童与酸奶并无必然联系,但是一系列儿童吃不到酸奶时和吃到之后的表情对比,使人忍俊不禁,既感受到儿童的可爱,又了解到酸奶的美味,由衷滋生喜爱之意。

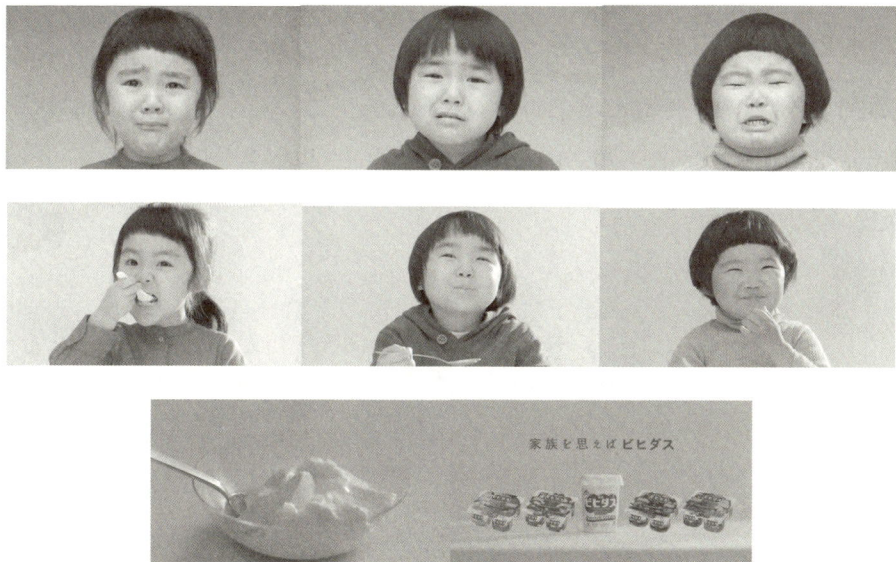

图 6-6　酸奶广告

并非所有的广告都采用讨好观众眼睛的方式,有时怪异甚至丑陋的视觉形象反而更能引起观众的注意,并容易被记住。同样是冰淇淋广告,以下这个案例则采用的是怪异的形象,一个浑身浇满冰淇淋的人物不断从自己头上挂下冰淇淋,并且送到自己嘴里,画面单纯画风怪诞,却让人难以移开视线。如图 6-7。

图 6 - 7　酸奶广告

6.2.2　反常具象形象

由于广告常需要以新奇异的形象吸引观众注意力,所以反常形象在广告中具有重要地位与价值,甚至超过正常形象。造成反常形象的方法是多样的。

1) 通过转换视角形成反常

图 6 - 8 展示的是一款具有防水功能的照相机,在其画面中人物下半身都是正常的形象,而上半身都出现了如同水波形成的扭曲,意指广告中的画面都是在水下拍摄得来。由于水下观看的视角是不经常的所以形象具有反常效果。

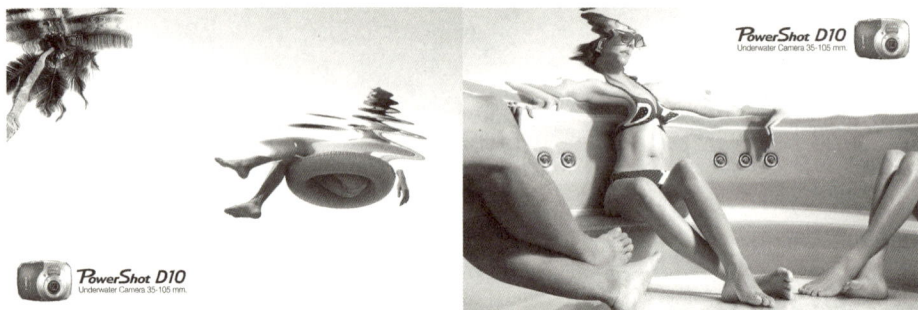

图 6 - 8　照相机广告

2) 将多种形象融合形成反常

广告中原本应该是可爱的儿童形象变成了凸眉塌鼻的类人猿般的形象,而且长出了浓密的胡须,让人不由心生疑窦。细看之下原来是恐龙园的广告,通过形象的融合寓意让游客回到远古时代。如图 6 - 9。

图6-9　游乐园广告

3）通过改变事物的状态形成反常

打包行李能不能连床一起打包走？可以，只要你拥有某品牌的行李袋，一切你需要的都可以打包带走。广告中出现的床是像被子一样卷起来的样子，违反了事物正常状态。如图6-10。

图6-10　行李袋广告

4）通过改变事物出现的情境形成反常

羊跳起来接飞盘、鸡送来报纸、牛叼来遛狗的绳索，是什么让它们做狗才会做的这些事情？这是一家考虑周到的宠物药品公司的广告。如图6-11。

图 6 - 11　宠物药品广告

6.2.3　抽象形象

抽象是与具象相对应的概念,抽象并非没有形象,而是不能以自然界中存在的事物直接对照的形象。比如山是具象的形象,但薄雾中的一黛远山显得朦朦胧胧,只剩下隐约的色彩与轮廓时,就从具象的山石变成了抽象的影像。具象的叶子被放到显微镜下面,只能看到纵横的脉络而无法辨别叶片的形状时,也成为抽象形象。抽象形象带给人们的是具象的形象之外的意境与美感,抛弃了形象具象的意指,给予人们更广阔的想象空间。

滚石公司一则反对盗版的公益广告(如图 6 - 12)中,将具象的形象多次复印,使之失真至难以识别其形象,变成了抽象的墨色,以此寓意盗版给消费者带来的利益损失。

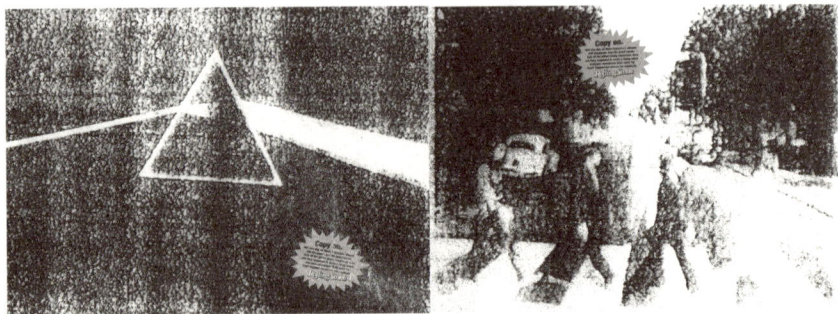

图 6 - 12　反盗版主题公益广告

图 6 - 13 展现的是一则只有色盲能够看懂的可口可乐广告,利用红绿色盲与普通人对色彩的识别的差异,使得其中的文字图形只有色盲能正确识别。这些符号、文字都属于抽象形象。

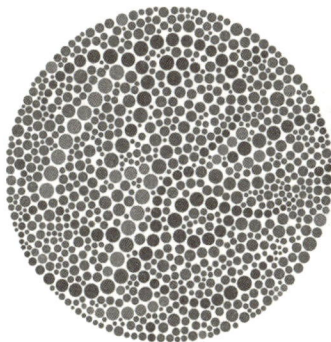

图 6 - 13　可口可乐广告

6.3　形式美法则

6.3.1　对称与均衡

对称指相等或相似的视觉元素之间相称的组合关系,有上下、左右、旋转等不同对称形式。人们对于对称美有发乎自然的追求,很多美的事物都要求对称,如人的身体、花朵、水果、器皿等,可以说对称是形式美的核心。如图 6 - 14。

图 6 - 14　超市广告

对称式构图的画面安定、庄重、严肃,但会使人感觉呆板,因此设计师常以平衡的形式加以变通。通过对画面元素的大小、形状、颜色、位置等形成的视知觉力的调控,使之达到一种平衡,而不是完全对称。这种形式的画面既有对称美的规律性,又不至于感觉呆板重复。如图 6-15,广告中将无限大符号做了透视处理,产生了大小的变化,画面左侧的交通工具与其目的地在知觉力上形成平衡。

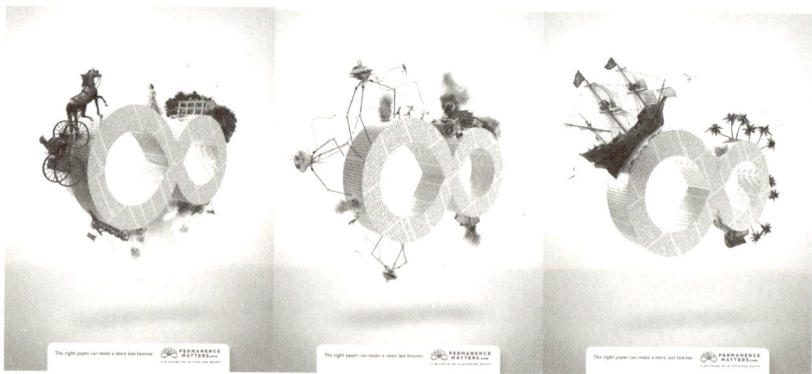

图 6-15　纸业公司广告

6.3.2　冲突与调和

冲突是故事的来源,没有冲突就没有故事性,对于广告来说冲突可谓是必不可少的要素。然而过于强烈的冲突带给观者的是一种不愉悦的感受,让观者不能长时间接受广告所传递的信息甚至对信息产生抗拒。因此调和便成为约束这种刺激的一种基本要求,将冲突限定在观者能够接受的程度之内。如图 6-16。

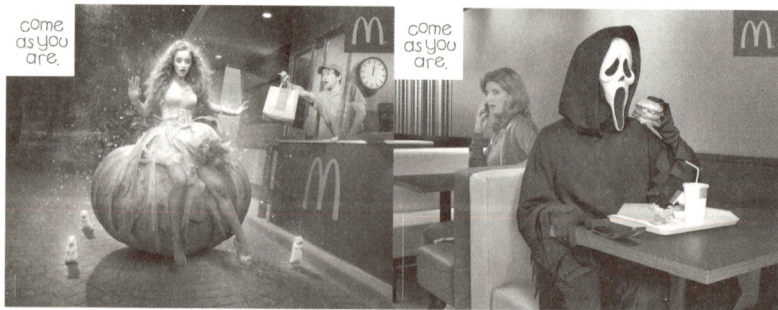

图 6-16　麦当劳广告

同时,调和也有其自身的艺术魅力,当多数广告以强烈的冲突吸引注意的时候,调和宁静的广告作品让观众的视觉与心灵得到放松,反而能长时间被吸引观看。现代科技与古老的文化是一种冲突,然而在大众汽车的广告中,使汽车的轮廓与印度神话传说中的豪华马车造型巧妙融合,通过和谐统一的色彩、精雕细琢的绘制工艺,将现代与传统的冲突调和。如图 6‐17。

图 6‐17　大众汽车广告

突与调和是一轴的两极,理念、形状、面积、比例、色彩、方向、肌理等都是它们共同可调用的元素。就像一场拔河比赛,冲突与调和各持绳子的一端,要在两者之间找到微妙的平衡点,才能使作品具有打动人心的魅力。

6.3.3　节奏与韵律

音乐中的节奏和韵律借助音符、旋律等实现,画面中的节奏韵律同样要借助视觉元素的疏密关系、大小对比、色彩强弱等来实现。如图 6‐18,广告中鲸、鲨鱼、潜水员、糖果构成食物链关系,逐次递进,在嘴与尾(脚)的追逐中形成强‐弱‐强‐弱‐强‐弱的节奏。同时,四者的大小存在差异,就像是四个不同的音符,演奏出不同的韵律。而糖果、鲨鱼与鲸嘴巴的红色被潜水员与鲨鱼身上的黑色间隔开,形成新的韵律。

6.3.4　繁与简

人们的生活节奏越来越紧张,因此对广告来说简洁是一条非常重要的原则,画面过于复杂会使得观众还没有弄明白广告的主旨就失去了耐心。然而这并不

图6‑18　润喉糖广告

是说画面上只出现一个物体或人物才好,有时当很多人在做同一件事的时候,画面的构成仍然是简洁的,并且会显得更有力量。

一则国际人权组织发布的公益广告,画面中央是恐怖分子在枪杀人质,而画面周边是成千上万的人,但他们同时在做一件事——背过身去,不闻、不问、不看,广告语为:漠视我们,漠视人权。画面上虽然有着众多人,但由于他们密集地排列成一个圆,就像是一个个近似的点汇聚成了面,所以在画面的构成上是非常简洁的。同时由于众人都背对凶杀现场,在程度上更加强了置之不理者对人权的漠视。如图6‑19。

6.4　视觉流程

视觉流程是版式设计过程中设计师经常要面对的问题,设计师为了有效地将信息传达给观众,会将各类视觉元素进行设计编排,使之重点突出、主次分明,并符合一定阅读习惯,从而使观众按照设计师规划的顺序观看画面并接受信息。视觉流程一般分为六种类型:①单向视觉流程;②斜向视觉流程;③折线视觉流

图 6‑19　国际人权组织广告

程;④曲线视觉流程;⑤导向视觉流程;⑥散点视觉流程。

　　对于广告而言,由于广告画面结构简洁明了,文字内容也通常较少,所以对视觉流程的掌控不像版式设计中那么严格。但在信息层级的安排上同样要符合一定视觉规律。

6.4.1　单向视觉流程

　　观众视线在横向或竖向沿单一的方向运动,这种视觉流程简单明快,信息清晰易读。如图 6‑20 中,红色闪耀的"New"与其水平右方的车灯形成视觉联系,同时其稍下方的地平线以及画面底部的文字、logo 都是水平方向构成。

6.4.2　斜向视觉流程

　　视线在倾斜的方向上运动,带来的是视觉冲击力及不稳定感。如图 6‑21,三星广告中的旅行者与摄影师、logo 连成一条贯穿画面的斜线,能有效吸引观众的视线。

图 6-20   单向视觉流程的广告

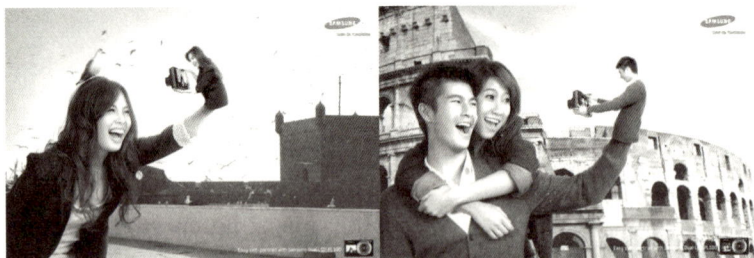

图 6-21   斜向视觉流程的广告

6.4.3   折线视觉流程

视线在画面中回折往复,可使视觉流程变得更长,充分利用画面空间,增加观众在广告画面中的逗留时间。如图 6-22 绝对牌伏特加的广告中,婚车与接新娘的人群形成有力的斜线,与左上角的网址、下方的广告语形成 Z 字形折线,延长了视觉流程。

图 6‑22　折线视觉流程的广告

6.4.4　曲线视觉流程

曲线视觉流程比之前几种流程相对复杂,但也更具有节律美感。几个视觉重心在画面上争夺眼球,使视线沿着弯曲的路径在画面上流动,和折线视觉流程一样,这种布局同样延长了视觉的流程,但画面效果更加丰富。如图 6‑23 中的海洋怪兽、被袭击的人、螃蟹口中说出的话及右下角 logo,共同形成一个饱满的 C 形,引导着观众看完整个画面。

图 6‑23　曲线视觉流程的广告

6.4.5 导向视觉流程

通过视觉元素的引导使画面中各个元素连贯起来,使之形成有机整体。画面中的人物运动方向、手臂的指向、眼睛观看的方向,甚至隐含的几何形的指向都能够起到引导视线的作用。这种布局方式重点突出、条理清晰,能够最大限度地发挥信息传达的功能。如图 6 - 24 中被凌空拎来的小丑朝向草地上玩耍的儿童,并向他们呼喊,将观众的视线由左上角引导至右下角。而在视线收尾处,坐于画面最右下角的女孩的视线方向又将观众的视线导向左下角的 logo。

图 6 - 24 导向视觉流程的广告

6.4.6 散点视觉流程

在散点式流程的布局中,画面元素呈自由分散状态的分布,展现出轻松随意的风格特点。如图 6 - 25 一款具有防水功能的相机广告中,几十人潜入水中而将双脚露出水面,画面中没有明确的视觉中心。

图 6 - 25 散点视觉流程的广告

深度阅读

图 6 - 26(a)所示是一则控烟公益广告,画面中将一辆撞毁的豪华轿车像拧息的烟头一样**矗**立在地上,以言抽烟带来的巨大经济损失,画面右侧是广告语。观众观看广告时视线会遵循怎样的规律? 图 6 - 26(b)所展示的是通过 Tobii 眼动仪检测到的数据,为 4 位在校大学生在观看该控烟广告时的视觉流程。4 位学生的视觉流程分别用 4 种色彩加以区别,编号①、②、③……为观看时的眼跳顺序。

由此数据可以看出观众在观看广告时的历程及眼跳各阶段的作用:

(1) 视线落在画面上的第一眼(编号①,其中紫色记录的编号①因在画面之外,所以以②为初始数据)一般居于画面中心线附近,对广告画面进行初步浏览判断。

(2) 视线移往画面主体形象的中心部位(编号②),以识别主体形象。

(3) 视线顺着主体形象的结构往冲突中心(车头与地面接触着火处)移动,并在此处停顿较长时间,试图理解广告创意。

(4) 视线移往广告语,视线做长时间驻留,以理解广告主旨,并印证自身判断。期间有些视线还在主体形象与广告语之间跳跃,将形象与文字内容对照,以辅助确认广告语所述内容与广告创意之间的关系。

(a)　　　　　　　　　　　　　　(b)

图 6 - 26　控烟公益广告眼动仪分析

第 7 章

影视广告的镜头语言

没人看广告,他们只看自己感兴趣的东西。

——霍华德·洛克·葛塞治

广告如果要成功提起观众的兴趣,除了要讲出动人的故事之外,还要讲得绘声绘色才行。影视广告是一个个连贯的画面不间断地播放,将图形图像、影像、声音等多种艺术元素融为一体,与平面广告相比,在讲故事方面具有更大的发挥空间与表现力。在艺术表现方面,除了同样需要遵循平面艺术构成的原则之外,还要考虑镜头语言的运用。

7.1 景别

景别指由于摄影机同被摄对象之间距离的远近,形成被摄对象在画面上的大小。景别一般可分为远景、全景、中景、近景和特写,分别对应了美国人类学家爱德华·霍尔提出的四种人际交往的距离模式:公共距离、社交距离、私人距离和亲密距离。

7.1.1 远景

远景是表现大空间的景别,画面的空间极为开阔,又被称之为"大全景"。中国画中所谓"丈山尺树,寸马分人"描述的就是一个远景的画面,人物只占画面上很小的一点,很难确定个别人物的面貌与具体动作。远景用于展现宏大的场面,具有开阔的胸怀与气魄,可形成强烈的视觉冲击力。中国银行在其形象广告中大量运用远景镜头,以此表达大气磅礴、虚怀若谷的气度与境界。如图 7 - 1。

图 7 - 1　中国银行广告

在开篇处应用全景可以展示和交代环境特征与时代背景,让观众对故事发生的环境有整体的了解;而在结尾处运用远景,会产生远离情节的视觉感受,同时留给观众回味的空间。

7.1.2　全景

全景画面是指能够展现场景全貌的景别,能够同时呈现多个人物的完整轮廓,同时又能显露出部分环境空间。与远景相比,全景画面具有更明确的视觉中心,能较为清晰地展现人物的活动,即使人物有较大的动作也不会离开画面,适于表现多个人物之间的关系。全景镜头能有效地揭示环境,并为进一步展开剧情做铺垫。

全景镜头体现的人际关系是公共距离的关系,在这种空间距离内,只有大声说话和加大动作才能引起他人注意。人与人之间的关系是公开的、疏离的,因此所宣扬的产品或理念应当是大众的、开诚布公的,而对一些具有私密性质的产品或话题不适用。如可以用远景镜头表现运动的场景,却不适宜售卖卫生巾,甚至不适合销售洗涤液这类产品。图 7 - 2 以大量全景镜头展现了耐克的运动魅力。

图 7 - 2   耐克运动鞋广告

7.1.3 中景

中景只展现场景局部的画面，人物轮廓不能完全呈现，一般只能露出膝盖以上的部分。在此类场景中，无论是角色的神态表情还是行为动作都能得到清晰的呈现，画面叙事性较强，空间结构关系不再是表现的重点，而是注重故事的情节发展与人物动作。可以说，中景是最为常用的叙事景别形式。

中景镜头体现的人际交流关系是社交距离，这种距离就如同三五个人在一起谈话时，圈子中的一人所观察到的视角，可以清晰地观察画面中的每一个人。在一款男士香水的广告中，详细地塑造了生活习惯惊人的一致的两个人。两人的镜头不断跳跃切换，他（她）们同时在不同的空间做着相同的事，似乎命中注定就应该是一对儿。然而当和女主角习惯完全不相配的第二位男性出现，并在身上喷洒过一款香水之后，命运发生了扭转。他抢在男主角之前和女主角擦肩相遇，并且因为"气味相投"而走到一起。广告用大量的中景镜头讲述这个故事，使观众就好像在他们身边目击这一切的发生，如同在现场亲身参与，但又不至于太投入其中，不会将情感投射到其中一人的身上。如图 7 - 3。

图 7 - 3　香水广告

7.1.4　近景

　　近景镜头的画面重在展现角色的神情或物品的质地,画面以事物局部的细节为主,而环境、空间等因素居于不重要的地位。近景不适宜表现人物的动作,稍大的动作就会出画面,由于将观众的注意力集中在角色头部至胸廓以内的范围,因而与角色的内心交流上升到主要地位,拉近了观众和角色的情感距离。

　　由于近景镜头拍摄的范围很小,画面中的两个人伸手就可以触摸到对方,它展现的是私人距离,这种距离适用于朋友和熟人,当然也包括恋人。一则广告以细腻的手法表现了一对陷入爱河的青年男女,女士似乎是聋哑人,从未开口说话。直到男生用手语表达爱意时,女士开口答应了,于是镜头提出了男生也是观众心中的问题:你为什么不说话? 谜底很简单,此品牌的牛奶含片让人不愿张开嘴巴,当然也是对男生的考验。广告用近景镜头将两人的心理表达得细致入微,氛围温馨而又浪漫,似乎隔着镜头就能让人品味到牛奶含片的浓香味道。最后一组特写镜头不只点明广告的主题,还表达了两人关系的更进一步。如图7 - 4。

图 7-4 牛奶含片广告

7.1.5 特写

　　特写镜头把画面集中到人物的头、手等局部或物品的细节,把日常生活中细微的东西放大到充满整个画面,会给观众带来巨大的视觉冲击力,形成某一段落的视觉重点。

　　特写镜头不会在广告中单独使用，一定要与其他景别的镜头组合使用才会有反差，尤其是与全景镜头对比，反差会更显强烈。在一则可口可乐的广告中，马上要历史考试了，可男主角还在沉睡，历史课本中的人物也忍不住从书中爬出来想要唤醒他，可是使出浑身解数也无助于事，最终还是可乐瓶打开的声音把男主角唤醒。广告巧妙地把历史书中的人物设定为小人国一样的角色，在与现实人物的关系处理中，特写镜头与全景镜头自然融合，收到良好的视觉效果。如图 7 - 5。

图 7 - 5　可口可乐广告

　　特写镜头展现的是人际关系中的亲密距离，这种距离通常用来表达两者的爱恋，或者是闺蜜一样的亲近关系。但是如果两个不熟知的人采用这种模式，则会产生敌视的感觉。

7.2 角度与视点

7.2.1 角度

角度是指摄影机拍摄时所采用的视角,也能表现出拍摄者的主观态度,是视听语言中重要而常用的表现性元素。常用的角度包含 3 种情况:仰视角度、俯视角度和平视角度。

仰视角度即摄影机在低处向高处拍摄,如拍摄高楼大厦或是高大的人物等。可用于表现:①高大的人物、强壮的形象;②崇高的精神、大义凛然的气概;③环境、建筑物等的高大雄伟;④难以应对的威胁、困难、危险;⑤敬畏、恐惧等情绪;⑥强烈的动感等。

俯视角度是摄影机在高处向低处拍摄,可用于:①展现环境全貌;②表现开阔、气度;③弱势、渺小的对象;④绝望与悲剧命运等。

平视角度为摄影机与被摄对象处于相等的高度,是一种平等、中立、理性的视角,属于常用的叙事性手法。缺点在于空间透视效果比较差,冲突不足,视觉上会显得平淡。

如图 7-6 所示,一则以昆虫为主题的可口可乐广告,其拍摄角度随着昆虫飞高爬低多次切换,镜头语言显得非常丰富。

7.2.2 视点

视点分为主观视点和客观视点。主观视点指摄像机从剧中角色的角度来描述情景,所拍摄的内容就是角色看到的内容,从而将剧中人物的体验直接传递给观众。客观视点则是摄像机站在观众的角度,以旁观者的姿态观察剧情的发展。

图 7-6　可口可乐广告

　　客观视角叙事性较强,而主观视角更多利用表达内心感受。为了叙事方便,客观视点在广告中比主观视点更常用,而采用主观视点一般需要客观视点加以辅助,以表明摄像机正在以谁的视角观察。如图 7-7 一则保险广告讲述了一个人无意中摔了个跟头,结果导致一连串的连锁反应,使越来越多的人如滚雪球一般卷入进来,结果如同一场灾难。在故事讲述的过程中,先以一个客观镜头展示了主角所处的环境——一个长长的山坡街道。接着主角看到一位朋友向他挥手致意(主观镜头),于是他也挥手(客观镜头),导致摔倒并带着其他人翻滚下坡(客观镜头)。下一幕看到一个巨大的"人球"从坡上直冲下来(主观镜头),这是一位黑人男士扭头看到的(客观镜头)。最终"人球"冲下山坡,组成球的人群散开来,肇事者茫然地站起来四处张望(客观镜头),看到惊魂未定的人群(主观镜头)。

图 7 - 7 保险公司广告

7.2.3 机位

机位是指摄像机在拍摄时与被摄对象之间的位置关系。恰当运用机位能使影视广告语言更有逻辑性,而错误的机位会导致观众对故事理解的混乱。

7.2.3.1 轴线

影视广告中的角色之间会形成一条隐性的轴线,比如正在说话的两人之间的连线,角色望向某个方向的视线,或是正在运动的角色的动线,这些都可以形成轴线。

　　轴线的作用是帮助观众确定摄像机的空间位置。观众在观看广告的时候其实是借助摄像机作为眼睛在看,所看到的内容及时序都是由摄像机决定的,当广告镜头在几个摄像机机位之间跳跃的时候,需要考虑观众能否跟得上并在脑海里形成空间上的判断。所以广告拍摄时一般要遵循"反跳轴原则",即摄像机始终在沿轴线的 180°一侧拍摄,而不会跳跃到另一侧去,以减少观众不必要的空间想象负担,而将注意力集中在故事情节上。

7.2.3.2　机位选择

摄像机拍摄时有可能的机位选择为以下 11 种,如图 7-8 所示。

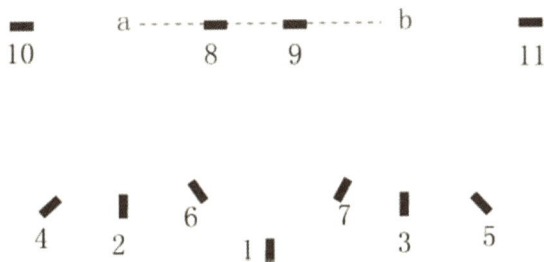

图 7-8　11 种机位图

　　(1) 1 为顶角机位,适于展示两个角色之间的对话过程,对二者没有偏重的进行展示。如图 7-9。

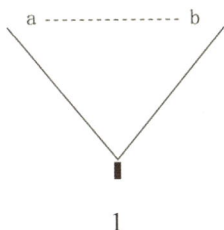

图 7-9　顶角机位

　　(2) 2、3 为一组平行机位,适用于展现一组角色中的每一个,镜头从一个角色平移到另一个角色,表达的是一种客观平等的评价。如图 7-10。

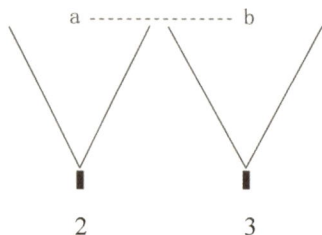

图 7 - 10　平行机位

（3）4、5 为外反拍机位，画面中同时出现两个人，但是有轻重之分。可以通过变焦，将焦点从一个人身上转移到另一个人身上，从而引起观众注意力的转移。如图 7 - 11。

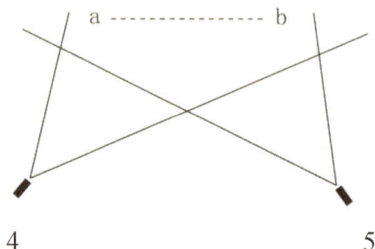

图 7 - 11　外反拍机位

（4）6、7 为内反拍机位，两者结合使用能够让观众清楚感受到人物正与另一人对话。将此机位与 1 结合，则是展现对话的最佳机位。如图 7 - 12。

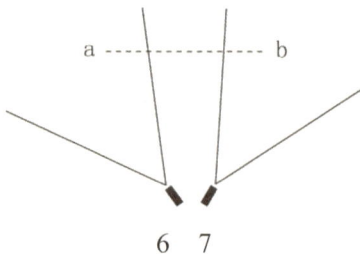

图 7 - 12　内反拍机位

（5）8、9 为正反打机位，呈现为从剧中角色的位置观看对方的效果，常用于主观视点镜头。如图 7 - 13。

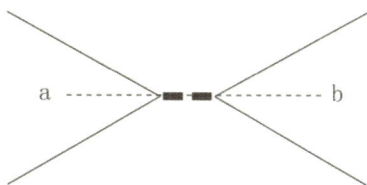

图 7‐13　正反打机位

（6）10、11 为外侧正反打机位。由于在这种机位下，一个人会完全将另一个人挡住，所以使用的情况不太多，但可以用做一些出人意料的安排，如角色转换、场景转换等。如图 7‐14。

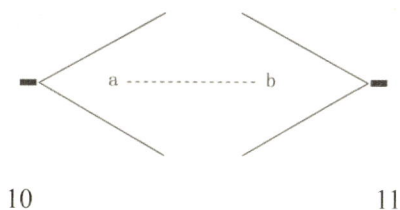

图 7‐14　外侧正反打机位

这 11 种机位列出了在平视视角拍摄的各种可能性，但如果组合以仰俯视角的变化，则可产生更丰富的机位变化。如图 7‐15。

7.3　镜头的运动

7.3.1　固定镜头

固定镜头指在拍摄一个镜头的过程中，摄影机的机位、镜头光轴和焦距都固定不变。固定镜头不属于运动镜头，而是一种静态镜头，其画面所依附的框架是不动的，但画面中的角色可以任意移动，光影也可以发生变化。

图 7 - 15   吉百利广告

由于镜头本身是固定不动的,因而固定镜头能够比较客观地反映出被摄物的运动情况。其稳定的视点和静止的框架,为观众营造出静穆的视觉感受,使观众将注意力集中到广告信息本身。一则以肥胖为主题的公益广告(如图 7 - 16),以幽默的手法讲述了假如野生动物变肥胖了,世界会变成怎么样。广告将野生动物们的身材都夸张成了球形,意欲捕食火烈鸟的鳄鱼只能顺流而下,即便是猎物近在咫尺也无能为力。鳄鱼从画面左边"流入",再从画面右边"流出",顺着水流静静流淌,完全没有了自主能力。由于镜头固定不动,所以给人的感觉似乎只是无意中记录了这么一个捕食的片段,增加了故事的真实感,并给整个故事染上了带有喜剧氛围的浓浓悲哀。

7.3.2   推镜头

推镜头是摄像机向被摄物方向运动,使画面框架由远至近向被摄物不断推进的拍摄方式。由于推镜头中的画面不断向前推进,被摄主体由小逐渐变大,并且始终处于画面的中心,所以推镜头具有突出主体物的作用。在推进的过程当

图 7 - 16　避免肥胖主题公益广告

中,由于景别由大变小,画面结构框架也不断做出调整,会使观众注意到之前没有关注到的细节,提示剧情的发展线索。

在一则洗发水广告中(见图 7 - 17),女生连续摇头的动作,随着镜头的不断推进,使她的头发取代人物本身成为画面中的主体物。而穿插其间的另一组推镜头,将男生看到她的秀发之后的表情突出出来,成为接下来他向女生表白的情感线索。

图 7 - 17   洗发水广告

推镜头的推进速度能够调节画面的节奏,影响观众的情绪。快速的推进会使故事显得紧张刺激,而缓慢平稳的推进则会让人感觉安宁舒缓。

7.3.3   拉镜头

拉镜头是摄像机不断后退,使摄像机远离被摄主体的拍摄方式。由于镜头不断拉远,景别由小逐渐变大,观众从注视拍摄主体物转而观看该物体与周围环境的关系。在心理上有将事物本来面貌连续呈现出来的揭示谜底的感觉,当其用在片尾时则为结束性或结论性镜头。

一则酒的广告中(见图 7 - 18),两位男士通过打赌的方式决定一艘独一无二的豪华邮轮的归属,在前面的情节铺垫过程中始终未明确表示所售卖的是什么产品,以及产品的品牌。仅在故事结束时,以一个拉镜头从游轮上远离,同时注明产品标志及广告语。

7.3.4   摇镜头

摇镜头是摄像机的机位固定不变,但将摄像机沿上下或左右方向旋转拍摄的方式。摇镜头的画面结构如同观众站立不动并转头环顾的视觉效果,可以用于展示所处的环境,或介绍多个人物之间的关系。如果镜头是跟随某一对象的移动而摇动,则会产生注视的观感。

图 7-18　威士忌酒广告

一则空调广告(见图 7-19)中观众可看到超人在飞,但是飞行的速度非常慢,以此来引起观众的好奇心。随着镜头向左摇动才发现,原来前方就是该品牌空调的出风口,风力太大了以至于超人也难以对抗。此处用摇镜头揭示了谜底。

图 7-19　空调广告

7.3.5　移镜头

移镜头是将摄像机架设在可活动的拍摄平台上,一边前后或横向移动、一边拍摄的一种方式。移镜头中没有固定的拍摄对象,如同坐在交通工具中向外观看,画面中的被摄物体及环境都不断发生变化,形成一个镜头中多景别多构图的效果。移镜头还可用来介绍并列地位的几个角色,如起跑线上准备赛跑的运动员。一则啤酒广告中(见图7-20),先用移镜头扫视了电影院里的几位观众,女性观众被故事感动得泣不成声,而一位男性观众显然觉得电影非常无聊。于是他偷偷拿出一瓶啤酒准备打发时间,没想到啤酒瓶意外打碎了,这位男性观众也泪流满面了,当然是因为啤酒。该广告中的移镜头将几位女性与男性对电影的不同反应一一呈现出来,为下一步剧情做好铺垫。

图 7 - 20 啤酒广告

7.3.6　跟镜头

跟镜头是将摄像机架设在可活动的拍摄平台上,在跟随着被拍摄主体运动的过程中同步拍摄的方式。跟镜头可以突出被摄主体,产生追随的动态视觉效果,使观众参与进被摄角色的活动中。

一则香水广告中(见图 7‐21),一艘远洋巨轮将要撞击城市,除了男女主角外,所有人都还在沉睡。镜头跟随男女主角移动,使观众的情绪被调动起来,想要了解他们的目的。跟镜头既可以在角色背后跟随,也可以在角色前面或侧面跟拍。

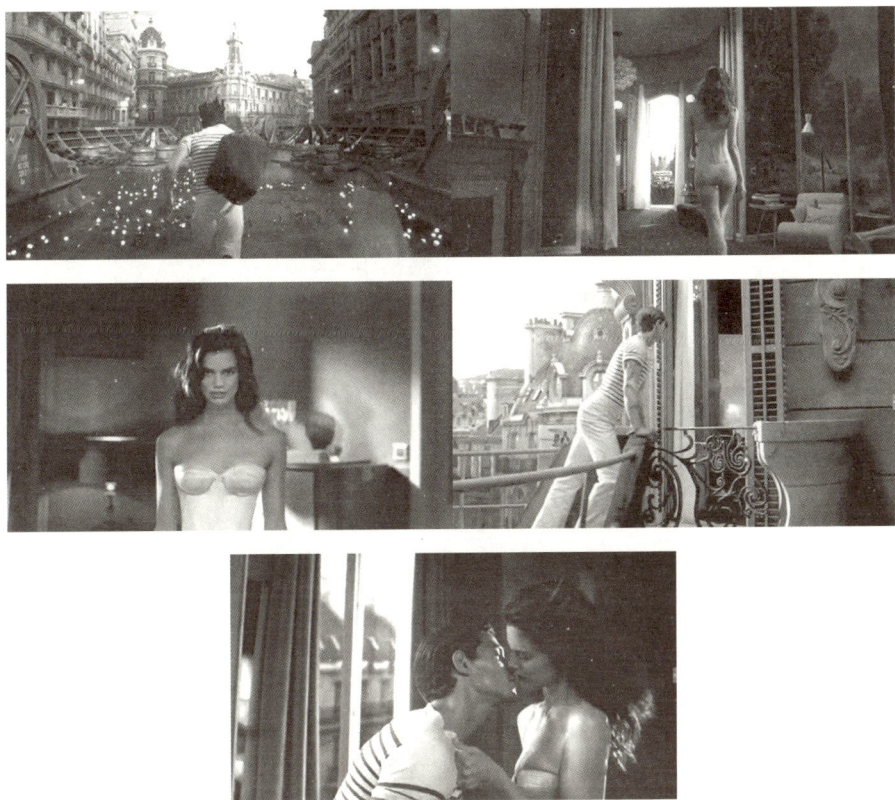

图 7‐21　香水广告

7.3.7　升降镜头

升降镜头是将摄像机架设在升降装置上,跟随升降装置一起上下运动拍摄的方法。升降镜头的运动带来画面视域的扩展和收缩。在一则玩具商店的广告

(见图 7 - 22)中,一只玩具气球飘飞至空中,并一直上升到太空中,直至达到某个玩具聚集的平顶。此广告中不间断地运用升降镜头,产生连贯的视觉效果,画面景别变化多元,形成多角度、多方位的多重构图效果。

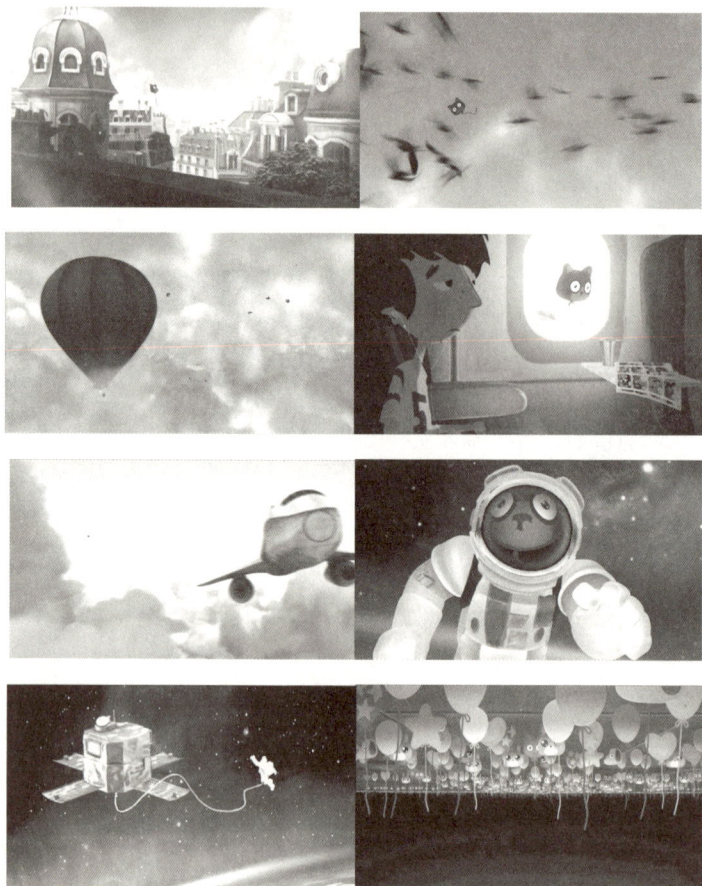

图 7 - 22　玩具城广告

参 考 文 献

[1] [美]艾·里斯,杰克·特劳特.定位[M].谢伟山,苑爱冬,译.北京:机械工
　　业出版社,2011.

[2] [美]大卫·奥格威.一个广告人的自白[M].林桦,译.北京:中信出版
　　社,2015.

[3] [英]丹尼斯·麦奎尔.大众传播模式论[M].祝建华,译.上海:上海译文出
　　版社,2008.

[4] [美]哈罗德·拉斯韦尔.社会传播的结构与功能[M].何道宽,译.北京:中
　　国传媒大学出版社,2012.

[5] 葛岩,秦裕林.行为—心理研究范式从"黑箱"移至"灰箱"[N].中国社会科
　　学报,2012.

[6] 黄合水.广告心理学[M].北京:高等教育出版社,2005.

[7] 黄悦勤,刘肇瑞,李爱兰,王燕玲,孙江平.青少年吸烟行为和烟草知识与大
　　众传媒关系的多因素分析[J].中国临床康复,2004.

[8] 李彬.传播学引论[M].北京:新华出版社,2003.

[9] 李辉.图形创意在现代信息传播中的文化语境[J].新闻与传播研究,2010.

[10] [美]鲁道夫·阿恩海姆艺.术与视知觉[M].朱疆源,译.成都:四川人民出
　　　版社,1998.

[11] [美]罗塞·里夫斯.实效的广告[M].张冰梅,译.呼和浩特:内蒙古出版
　　　社,1998.

[12] [美]乔治·E.贝尔奇,迈克尔·A.贝尔奇.广告与促销[M].郑苏晖,译.北

京：中国人民大学出版社，2009.

[13] 赛佛林.传播理论：起源方法与应用[M].郭镇之，译.北京：北京广播学院出版社，2006.

[14] 宋晓兵，董大海.广告情感效果及其前因的实证研究[J].管理科学，2006.

[15] 王茜.新媒体环境下健康信息传播.全球化背景下的新媒体传播：教育与研究[M].上海：上海人民出版社，2007.

[16] 萧冰.图形创意[M].上海：上海交通大学出版社，2011.

[17] 杨洋.对公益广告效果评估方法的研究[J].科技资讯，2014.

[18] 尹鸿，中国电视公益广告的新阶段[J].中国电视，2014.

[19] 喻国明.媒介的市场定位：一个传播学者的实证研究[M].北京：北京广播学院出版社，2000.

[20] 于石光.广告中的情感诉求对中美消费者影响的比较研究[D].北京外国语大学，博士学位论文，2014.

[21] 袁由敏.图形设计教程[M].杭州：浙江人民美术出版社，2010.

[22] 张国良.现代大众传播学[M].成都：四川人民出版社，1998.

[23] 张金海.20世纪广告传播理论研究[M].武汉：武汉大学出版社，2002.

[24] 钟建华.媒介传播中的图形力量[J].新闻爱好者，2008.

[25] 周象贤.受众卷入的作用机制及其与广告诉求方式的匹配[D].华南师范大学，博士学位论文，2007.

[26] 张子旭.神经广告学：让广告不可拒绝[J].国际新闻界，2012.

[27] Basil，D Z，Ridgway，N M，and Basil，M D. Guilt and Giving：A Process Model of Empathy and Efficacy. Psychology and Marketing，2008，25(1)，1 - 23.

[28] Brasel，S. A. & Gips，J.（2008）. Breaking through fast-forwarding：brand information and visual attention. Journal of Marketing，72(6)，31 -48.

[29] Gantz. et.al.，（2009）. PSAs on Television：An Over-Time Appraisal. International Communication Association. 2009 Annual Meeting，1 - 32.

[30] Keller, Punam A.(2003). Affect, Framing, and Persuasion. Journal of Marketing, 40, 54 – 64.

[31] Kuang,X.(2008) Print antismoking advertising in China and short-term effects on adolescents Diss. The University of Wisconsin-Madison, 3328026.

[32] Leiss, W. &Botterill, J. (2005). Social Communication in Advertising: Consumption In The Mediated Marketplace, NY: Routledge.

[33] Nabi, R. L. & Oliver, M. B.(2009).The SAGE Handbook of Media Processes and Effects,CA:SAGE Publications.

[34] Pieters, R., Wedel, M. & Batra, R. (2010). The stopping power of advertising: measures and effects of visual complexity. Journal of Marketing, 74 (5), 48 – 60.

[35] Riet, A. (2010). Distinct pathways to persuasion: The role of affect in message-framing effects. European journal of social psychology, 40, 1261 – 1276.

[36] Witte K. (1994) Fear control and danger control: A test of the extended parallel process model (EPPM). Communication Monographs, 61, 113 –134.

[37] Xiaoli Nan.(2009). Emotional Responses to Televised PSAs and Their Influence on Persuasion: An Investigation of the Moderating Role of Faith in Intuition. Communication Studies, 60(5), 426 – 442

[38] Yan, C.(2010).The Effects of Mood, Message Framing, and Behavioral Advocacy on Persuasion. Journal of communication, 60,344 – 363.

索　引